essentials

Mario Pufahl · Florian Dimmig
Ines Alte

Intelligenter Arbeitsplatz im Marketing

Mit künstlicher Intelligenz mehr Zeit für Kundeninteraktionen schaffen

Mario Pufahl (iD)
Kaarst, Deutschland

Ines Alte
München, Deutschland

Florian Dimmig (iD)
Kaarst, Deutschland

ISSN 2197-6708 ISSN 2197-6716 (electronic)
essentials
ISBN 978-3-658-51026-8 ISBN 978-3-658-51027-5 (eBook)
https://doi.org/10.1007/978-3-658-51027-5

Die Deutsche Nationalbibliothek verzeichnet diese Publikation in der Deutschen Nationalbibliografie; detaillierte bibliografische Daten sind im Internet über https://portal.dnb.de abrufbar.

Springer Gabler ist ein Imprint der eingetragenen Gesellschaft Springer Fachmedien Wiesbaden GmbH und ist ein Teil von Springer Nature.
Die Anschrift der Gesellschaft ist: Abraham-Lincoln-Str. 46, 65189 Wiesbaden, Germany

Wenn Sie dieses Produkt entsorgen, geben Sie das Papier bitte zum Recycling.

Was Sie in diesem *essential* finden können

- Vision und Konzept eines modernen, intelligenten Marketingarbeitsplatzes
- Beschreibung der einzelnen Module eines intelligenten Marketingarbeitsplatzes
- Praxistipps für die Umsetzung von KI-Assistenten

Vorwort

Kundenerlebnisse lassen sich heute nicht mehr allein durch gutes Bauchgefühl oder operative Routinen steuern. Wer Relevanz entlang der Customer Journey erzeugen will – vom ersten Impuls bis zur langfristigen Bindung – benötigt datenbasierte Intelligenz, technologische Souveränität und die Fähigkeit, Komplexität zu orchestrieren. Genau hier setzt dieses Essential an: Es bietet einen systematischen Zugang zu einem Marketing- und Vertriebsverständnis, das künstliche Intelligenz nicht als Selbstzweck, sondern als integralen Bestandteil eines intelligenten Arbeitsplatzes im Marketing begreift.

Im Zentrum steht ein pragmatischer Bauplan für KI-gestützte Kundeninteraktion – modular, anschlussfähig und aus der Praxis heraus entwickelt. Der Fokus liegt nicht auf abstrakter Vision, sondern auf konkreter Anwendbarkeit: Wie lassen sich Zielgruppen in Echtzeit identifizieren? Wie wird Content durch Algorithmen personalisiert? Und wie gelingt es, Aufmerksamkeit, Vertrauen und Loyalität nicht nur zu erzeugen, sondern auch systematisch zu verstärken?

Das Buch folgt einem Journey-orientierten Aufbau: von strategischen Grundlagen über datengestützte Erlebnisarchitekturen bis hin zu operativen Anwendungsmodellen entlang der klassischen Funnel-Logik – Awareness, Consideration, Decision, Retention, Advocacy. Die Module sind bewusst einzeln zugänglich, denn Organisationen befinden sich auf unterschiedlichen Reifestufen. Entscheidend ist nicht die lineare Lesart, sondern die Passung zu individuellen Ausgangslagen und Ambitionen.

Zugleich ist dieses Essential auch ein Plädoyer für Verantwortung in der KI-Nutzung: Für Transparenz, für Fairness, für menschliche Kontrolle. Denn Technologie kann nur dann zum Werttreiber werden, wenn sie kontextgerecht eingesetzt, ethisch reflektiert und mit unternehmerischem Augenmaß gesteuert wird.

Unser Anspruch: Dieses Essential soll Orientierung geben – als Impulsgeber für Entscheider, als Handlungsrahmen für Praktiker und als Referenz für alle, die KI im Marketing nicht als Trend, sondern als Transformationsmotor verstehen.

Abschließend möchten wir uns bei Herrn Maximilian David für das Lektorat beim Springer Gabler Verlag bedanken.

Kontakt zu uns können Sie unter LinkedIn aufnehmen:

Mario Pufahl: https://www.linkedin.com/in/mariopufahl/

Florian Dimmig: https://www.linkedin.com/in/florian-dimmig/

Ines Alte: https://www.linkedin.com/in/inesalte

Düsseldorf, München   Mario Pufahl
im August 2025   Florian Dimmig
                                                                      Ines Alte

Interessenkonflikt Die Autor*innen haben keine relevanten Interessenskonflikte im Zusammenhang mit dieser Publikation.

Inhaltsverzeichnis

Einordnung im Kontext eines Marketing & Performance Management

1

Ein intelligenter Arbeitsplatz im Marketing nutzt KI entlang der gesamten Customer Journey, um:

- Prozesse zu automatisieren,
- Entscheidungen datenbasiert zu treffen,
- Inhalte zu personalisieren,
- und die Kundenbindung zu stärken.

Die Literatur zeigt, dass Unternehmen, die KI strategisch einsetzen, nicht nur effizienter arbeiten, sondern auch die Kundenzufriedenheit und den ROI signifikant steigern können (vgl. Harwardt & Koehler, 2023).

Die Effizienz des datengetriebenen Marketings kann durch das Marketing Performance Management Model gesteuert und überwacht werden. Die Managementbereiche aus der Grafik (Strategie, Organisation, Controlling, Personal) sind dabei zentrale Steuerungsdimensionen für ein effektives Customer Journey Management. Technologiekompetenz, Kundenzentrierung und Mensch-Maschine-Kollaboration wirken als übergreifende Querschnittsfunktionen (vgl. Abb. 1.1).

Strategie Die strategische Ebene definiert Zielgruppen, Positionierung und kanalübergreifende Customer-Journey-Strategien. Die Ausrichtung auf Märkte, Kunden und Wettbewerb ist laut Scheunert (vgl. Scheunert, 2023) essenziell, um relevante Touchpoints zu identifizieren und differenzierende Kundenerlebnisse zu schaffen. Der gezielte Einsatz von KI zur automatisierten Segmentierung, zur Marktanalyse oder personalisierte Content-Ausspielung ist ein strategischer Erfolgsfaktor (vgl. Pufahl, 2019), ebenso wie KI-gesteuertes Customer Journey Mapping als

M. Pufahl et al., *Intelligenter Arbeitsplatz im Marketing*, essentials, https://doi.org/10.1007/978-3-658-51027-5_1

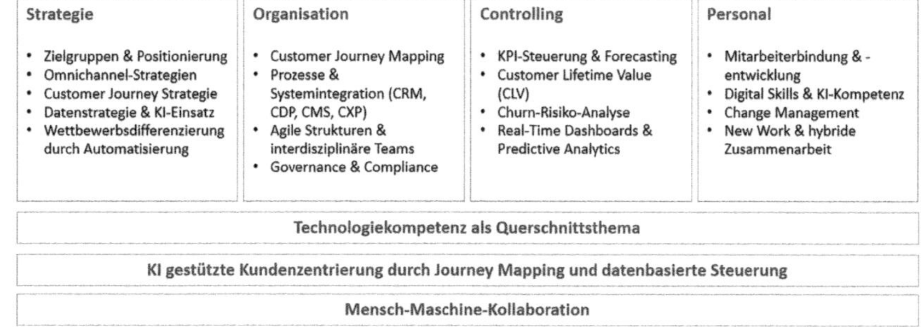

Abb. 1.1 Marketing Performance Management (Model)

strategisches Steuerungsinstrument empfohlen wird, um Touchpoints gezielt zu gestalten (vgl. KI im Marketing, 2025). Der gezielte Einsatz von Daten und KI wird hier als Differenzierungsmerkmal verstanden – etwa durch automatisierte Segmentierung oder personalisierte Content-Ausspielung.

Organisation Neben Customer Relationship Management (CRM), Customer Data Platforms (CDP) und Content Management Systems (CMS) Integration als Schlüssel zur kanalübergreifenden Customer Experience, ist eine integrierte Online- und Offline-Channel-Strategie (Omnichannel) notwendig (vgl. Kempe, 2024), um medienübergreifend konsistente Erlebnisse zu ermöglichen. Moderne Organisationen setzen zudem auf agile Teams, um schneller auf Marktveränderungen reagieren zu können (vgl. Me&Company, 2025; Microsoft, 2025b). Auf dieser Ebene erfolgt die Umsetzung durch Customer Journey Mapping, Systemintegration (CRM, CDP, CMS) und agile, interdisziplinäre Teams. Moderne Cloud-Plattformen, wie Microsoft, Salesforce, Adobe oder HubSpot ermöglichen hier eine nahtlose Verbindung von Marketing, Vertrieb und Service.

Controlling Die Nutzung von KPIs, Dashboards und Prognosen zur Steuerung der Customer Journey ist eine Voraussetzung für Kundenwertorientierung. Die Steuerung erfolgt über KPIs, Forecasting, CLV-Analysen und Predictive Analytics, die durch moderne Echtzeit-Dashboards umgesetzt werden, etwa mit Microsoft Customer Insights oder Salesforce Einstein Analytics.

Personal Die erfolgreiche Umsetzung des Modells erfordert digitale Kompetenzen, Change Management und eine neue Form der Zusammenarbeit. Die Mensch-Maschine-Kollaboration wird dabei nicht als Gegensatz, sondern als produktive Ergänzung verstanden – insbesondere im intelligenten Arbeitsplatz. Aktuelle Studien zeigen, dass Unternehmen, die KI nicht nur als Werkzeug, sondern als aktiven Partner in Entscheidungsprozessen begreifen, signifikant höhere Innovations- und Umsetzungsgeschwindigkeit erreichen (vgl. McKinsey & Company, 2025a).

Technologiekompetenz als Querschnittsthema ist die Voraussetzung für die erfolgreiche Umsetzung KI-gestützter Marketingstrategien. Sie umfasst sowohl die Fähigkeit, relevante Technologien zu identifizieren und zu integrieren, als auch deren Anwendung zur Wertschöpfung. Unterschiedliche Cloud-Plattformen bieten integrierte KI-Funktionalitäten, die entlang der gesamten Customer Journey eingesetzt werden können – von der Lead-Generierung bis zur Kundenbindung (vgl. Hubspot, 2025a; Microsoft, 2025a; Salesforce, 2025a).

Gartner (2025a) beschreibt in einer aktuellen Analyse, dass sich der Fokus von „Produktivitäts-KI" hin zu agentischer KI verschiebt – also Systemen, die zunehmend autonom agieren und Entscheidungen vorbereiten oder treffen. Diese Entwicklung erfordert nicht nur technologische Infrastruktur, sondern auch strategische Technologiekompetenz auf Management- und Mitarbeiterebene. Die nachfolgende Abbildung zeigt einen Überblick über mögliche Technologiekompetenzen entlang der Customer Journey (vgl. Abb. 1.2).

KI gestützte Kundenzentrierung durch Journey Mapping und datenbasierte Steuerung ist kein statisches Ziel, sondern ein dynamischer Steuerungsansatz im modernen Marketing. Sie basiert auf der Fähigkeit, Kundenverhalten kontinuierlich zu erfassen, zu interpretieren und in Echtzeit darauf zu reagieren. Eine methodische Grundlage bildet das Customer Journey Mapping – sie schafft Transparenz über Bedürfnisse, Erwartungen und Interaktionsmuster entlang aller Touchpoints.

Im Kontext des intelligenten Arbeitsplatzes wird dieser Ansatz durch digitale Technologien und KI-gestützte Systeme operationalisiert. Lösungen von Microsoft, Salesforce und weiteren Marktbegleitern ermöglichen eine automatisierte, kontextbezogene Ansprache und personalisierte Erlebnisse – über alle Kanäle hinweg. Dabei werden Daten nicht nur gesammelt, sondern intelligent verknüpft, analysiert und in konkrete Handlungsempfehlungen überführt. Zentrale Merkmale sind

- Vernetzte Datenlandschaften: Kundendaten aus CRM, Webtracking, Social Media und Service fließen in einheitliche Plattformen, die eine 360°-Sicht ermöglichen.

Customer Journey Phasen	KI-Technologien & Cloud-Plattformen	Operative Technologiekompetenz	Strategische Technologiekompetenz	Agentische KI-Potenziale
Awareness	GenAI für Content, Programmatic Ads, Social Listening, SEO/SEA Automatisierung	Prompt Engineering für Content, Zielgruppenanalyse mit KI, Kampagnenplanung mit Automatisierung	Auswahl geeigneter KI-Tools, Bewertung von Plattform-Funktionalitäten, Trendmonitoring mit KI	Autonome Kampagnenvorschläge, KI-basierte Trendprognosen
Consideration	Marketing Automation, Personalisierungstools, Web Analytics mit KI, Conversational AI	Segmentierung & Personalisierung, Journey-Mapping, Analyse von Nutzerverhalten	Integration von KI in Customer Journeys, Governance für KI-basierte Kommunikation	Adaptive Content-Ausspielung,
Conversion	Predictive Analytics, CRM-Systeme mit KI, A/B Testing mit autonomen Optimierungsvorschlägen	Conversion-Optimierung, Datenanalyse & Attribution, CDP-Nutzung	Bewertung von KI-basierten Entscheidungsmodellen, Budgetsteuerung mit KI	KI trifft Angebotsentscheidungen, Autonome Budgetverteilung
Retention	Loyalty-Programme mit KI, GenAI für personalisierte Inhalte, Feedbackanalyse mit Sentiment KI	Kundenbindung & Lifecycle Management, Automatisierte Kommunikation, Feedbackanalyse	Strategien zur Kundenbindung mit KI, Nutzung von KI zur Churn-Prävention	KI erkennt Abwanderungsrisiken, Automatisierte Reaktivierung
Advocacy	Community Management Tools, Auswertung von Use Generiertem Content (UGC Analyse), Social Monitoring mit agentischer KI	Community Building, Influencer & Advocacy Management, Reputationsanalyse	Aufbau von Advocacy-Strategien mit KI, Monitoring & Steuerung von Markenbotschaftern	KI erkennt Markenbotschafter, Autonome Community-Interaktion
Agentische KI-Kompetenz zum Umgang mit autonomen Systemen, ethische Bewertung, Entscheidungsdelegation				
Befähigung von Teams zur Nutzung neuer Technologien, Change-Kommunikation				

Abb. 1.2 Technologiekompetenz-Matrix entlang der Customer Journey

- KI-gestützte Entscheidungsfindung: Machine Learning und Predictive Analytics helfen, Muster zu erkennen, Zielgruppen zu segmentieren und Inhalte dynamisch auszuspielen.
- Automatisierte Workflows: Kampagnen, Content-Erstellung und Lead-Nurturing-Prozesse werden durch intelligente Tools effizienter und skalierbar gestaltet.

So entsteht ein Arbeitsumfeld, in dem Marketingteams nicht nur schneller und präziser agieren, sondern auch strategisch wirksamer – mit dem Kunden im Zentrum jeder Entscheidung.

Capgemini unterscheidet in diesem Kontext zwischen zwei Paradigmen: Customer-Centric AI und AI-Centric Customer Experience (vgl. Capgemini Research Institute, 2024). Während erstere den Menschen in den Mittelpunkt stellt und KI als Assistenzsystem versteht, geht letztere davon aus, dass KI zunehmend eigenständig Kundeninteraktionen steuert – etwa durch personalisierte Empfehlungen, automatisierte Dialoge oder adaptive Journeys. Eine Gegenüberstellung von Customer Centric AI und AI Centric Customer Experience sowie deren mögliche Einordnung entlang der Customer Journey wird in der folgenden Abbildung dargestellt (Abb. 1.3).

In der Praxis zeigt sich, dass Unternehmen, die beide Perspektiven kombinieren, besonders erfolgreich sind: Sie nutzen KI zur Effizienzsteigerung, ohne die emotionale Intelligenz menschlicher Interaktion zu verlieren.

Die **Zusammenarbeit zwischen Mensch und Maschine** ist ein weiteres zentrales Element des intelligenten Arbeitsplatzes im Marketing. KI übernimmt repetitive, datenintensive Aufgaben – etwa Segmentierung, Scoring oder Content-Erstellung – während Menschen strategische Entscheidungen treffen, kreative Inhalte gestalten und Kundenbeziehungen pflegen.

McKinsey & Company (2022) beschreibt diese Kollaboration als „virtuosen Kreislauf": KI steigert die Servicequalität, was zu höherer Kundenzufriedenheit führt – und damit zu mehr Daten, aus denen die KI wiederum lernt. Erfolgreiche Unternehmen schaffen dafür hybride Arbeitsmodelle, in denen KI-Systeme als Co-Piloten agieren – etwa durch Microsoft Copilot, Salesforce Einstein oder HubSpot AI Assistant.

Diese Form der Zusammenarbeit erfordert neue Rollenprofile, digitale Kompetenzen und eine Kultur der kontinuierlichen Weiterentwicklung und Change Management.

Beispiel Aspekte	Customer Centric	AI Centric
Grundverständnis	Kundenbedürfnisse, Emotionen und Beziehungen stehen im Fokus	Daten, Muster und Vorhersagen treiben Entscheidungen
Steuerungslogik	Vom Kundenbedürfnis zum Touchpoint	Vom Touchpoint zur datengetriebenen Optimierung
Ziel der Journey-Gestaltung	Aufbau nachhaltiger Beziehungen und Vertrauen	Maximierung von Effizienz, Personalisierung und Conversion
Touchpoints	Empathisch kuratiert, manuell orchestriert, konsistent	Dynamisch, personalisiert, kanalübergreifend durch KI optimiert
Content-Erstellung	Redaktionsgetrieben, Storytelling-orientiert	Generativ, skalierbar, promptbasiert (z. B. GPT), basierend auf Echtzeitdaten
Entscheidungsbasis	Personas, qualitative Marktforschung, Kundenfeedback	Machine Learning, Behavioral Data, Realtime Signals
Kollaboration	Interdisziplinär, kreativ, manuell abgestimmt	Plattformbasiert, workflowgesteuert, automatisiert
Kampagnensteuerung	Statische Planung, langfristige Zyklen	Agile, KI-gesteuerte Ausspielung mit A/B-Testing und Live-Optimierung
Messgrößen & KPIs	Net Promotor Scroe (NPS), Customer Satisfaction, qualitative KPIs	Life Time Value (LTV) Engagement-Score, Conversion-Rate, algorithmische Erfolgsmetriken
Tool-Landschaft (Auszug)	CRM, Persona Builder, Feedback-Tools	GPT-Agents, Predictive Analytics, AI-Studios, Recommender Engines
Technologische Infrastruktur	Teilweise integrierte Systeme	Vollintegrierte Erlebnisarchitektur: CDP, DXP, CMS, KI-Marketing-Automation
Systemintegration	Siloartig, punktuelle Tool-Verknüpfung	End-to-End orchestrierte Daten- und Erlebnisarchitektur

Abb. 1.3 Abb_Customer Centric vs. AI Centric im intelligenten Marketing-Arbeitsplatz

Das Phasenmodell (vgl. Abb. 1.1) operationalisiert die strategische Zielsetzung eines kundenzentrierten, KI-gestützten Marketings entlang der Customer Journey. Es verbindet Technologie, Organisation und Mensch zu einem intelligenten System, das in Echtzeit lernt, entscheidet und handelt – unterstützt durch führende Cloud-Plattformen.

Aktuelle Trends und KI-Assistenten im Marketing

2

Das Marketing befindet sich im Zentrum eines tiefgreifenden Wandels. Was einst als Zukunftsvision galt, ist heute Realität: Künstliche Intelligenz (KI) hat sich von einem Expertenwerkzeug zu einem strategischen Taktgeber entwickelt – mit direktem Einfluss auf Kundeninteraktion, Prozessautomatisierung und Entscheidungsfindung. Dieses Essential bietet einen kompakten Überblick über aktuelle Trends und zeigt auf, wie KI-Assistenten das Marketing grundlegend neu gestalten.

Jede Phase der Customer Journey – von der ersten Aufmerksamkeit (Awareness) über die Informations- und Entscheidungsfindung (Consideration und Decision) bis hin zur Kundenbindung (Retention) und Markenloyalität (Advocacy) – wird zunehmend durch KI-gestützte Systeme optimiert. KI-Assistenten agieren dabei als stille Architekten dieser Transformation: Sie analysieren Verhaltensmuster, identifizieren präzise Zielgruppenbedürfnisse und leiten daraus personalisierte Maßnahmen in Echtzeit ab. Ob bei der automatisierten Content-Erstellung (vgl. Adobe, 2024), der prädiktiven NBO (Next-Best-Offer)-Ausspielung zur Conversion-Steigerung (vgl. McKinsey & Company, 2024) oder der frühzeitigen Identifikation potenzieller Markenbotschafter – KI verändert die Spielregeln.

Im Zentrum steht dabei der intelligente Marketingarbeitsplatz: ein datengetriebenes Ökosystem, in dem KI nicht ersetzt, sondern befähigt:

- Content Intelligence: Automatisierte Generierung und Optimierung von Inhalten.
- Customer Insights & Analytics: Echtzeit-Analyse von Kundenverhalten und Segmentierung.
- Campaign Orchestration: KI-gestützte Planung und Ausspielung von Marketingmaßnahmen.

M. Pufahl et al., *Intelligenter Arbeitsplatz im Marketing*, essentials, https://doi.org/10.1007/978-3-658-51027-5_2

- Sales Enablement: Unterstützung von Vertriebsteams durch personalisierte Empfehlungen.
- Collaboration & Productivity: Integration von KI in tägliche Arbeitsprozesse zur Effizienzsteigerung.

Repetitive Aufgaben werden automatisiert, während datengestützte Empfehlungen Freiraum für strategische und kreative Exzellenz schaffen. Die Fähigkeit, Kundenabsichten in Echtzeit zu erkennen und dynamisch relevante Inhalte bereitzustellen, hebt die Effizienz des Marketings auf ein neues Niveau (vgl. Gartner, 2025a).

Gleichzeitig wächst die Verantwortung. Die rasante Entwicklung von KI-Technologien erfordert klare ethische Leitlinien und die Einhaltung regulatorischer Rahmenbedingungen wie des EU AI Act. Transparenz, Datenschutz und Diskriminierungsfreiheit sind keine Randthemen, sondern Erfolgsfaktoren zukunftsfähiger Marketingstrategien (vgl. European Commission, 2024). Es braucht nicht nur Technologieinvestitionen, sondern auch Governance, Mitarbeiterschulungen und eine konsequente ethische Verankerung.

Ein oft unterschätzter Erfolgsfaktor ist dabei das Change Management. Die Einführung eines intelligenten Arbeitsplatzes erfordert nicht nur technologische, sondern auch kulturelle Transformation. Mitarbeitende müssen befähigt, eingebunden und kontinuierlich weitergebildet werden, um das volle Potenzial der KI-gestützten Systeme auszuschöpfen. Nur so kann Akzeptanz geschaffen und nachhaltiger Wandel verankert werden.

Dieses Essential ist Ihr Kompass in einer komplexen Landschaft. Es vermittelt praxisnah, wie KI-Assistenten entlang der Customer Journey eingesetzt werden können – und was es braucht, um dabei ethisch, strategisch und nachhaltig zu handeln. Ziel ist es, Ihnen das notwendige Wissen zu vermitteln, um Marketing nicht nur effizienter, sondern intelligenter und verantwortungsvoller zu gestalten.

Der Intelligente Arbeitsplatz im Marketing mit KI Assistenz

3

Zufriedene Kunden sind loyaler, weniger preissensibel und tragen durch Wiederkäufe und Empfehlungen maßgeblich zum Unternehmenserfolg bei. Im Kontext von Marketing Performance Management zeigt sich: Die Fähigkeit, Kundenzufriedenheit datenbasiert zu messen und gezielt zu steigern, ist ein zentraler Erfolgsfaktor (vgl. Gartner, 2025b). Um diese Zufriedenheit systematisch zu erzeugen, zu messen und zu steigern, braucht es mehr als punktuelle Maßnahmen – es braucht einen intelligenten Marketingarbeitsplatz, der datengetrieben, automatisiert und kundenzentriert agiert (vgl. Wagener, 2025).

Die Abbildung (vgl. Abb. 3.1) zeigt die unterschiedlichen Bereiche und Module eines intelligenten Arbeitsplatzes.

CDPs aggregieren verhaltensbasierte Daten aus CRM, Web, Social Media und Offline-Kanälen und ermöglichen KI-gestützte Segmentierung in Echtzeit. Digital Experience Plattformen (DXPs) orchestrieren kanalübergreifende Customer Journeys, während CMS dynamische Inhalte auf Basis von CDP-Insights ausspielen (vgl. HubSpot, 2025c, 2025e). Die KI-gestützte Marketing Automation verbindet diese Komponenten zu einem intelligenten Workflow, der Kundenverhalten analysiert, Absichten prognostiziert und Maßnahmen automatisiert aussteuert.

Diese Architektur wirkt sich direkt auf die Kundenbindung aus: CDPs erkennen Churn-Risiken frühzeitig, DXP und CMS ermöglichen personalisierte Reaktivierungskampagnen, und KI-Automation sorgt für eine kontinuierliche Optimierung der Maßnahmen. DXPs bieten umfassende End-to-End-Funktionen für die Customer Journey und unterstützen nahtlos von der Kundenakquise bis zur Kundenbindung (vgl. Liferay, 2024).

M. Pufahl et al., *Intelligenter Arbeitsplatz im Marketing*, essentials, https://doi.org/10.1007/978-3-658-51027-5_3

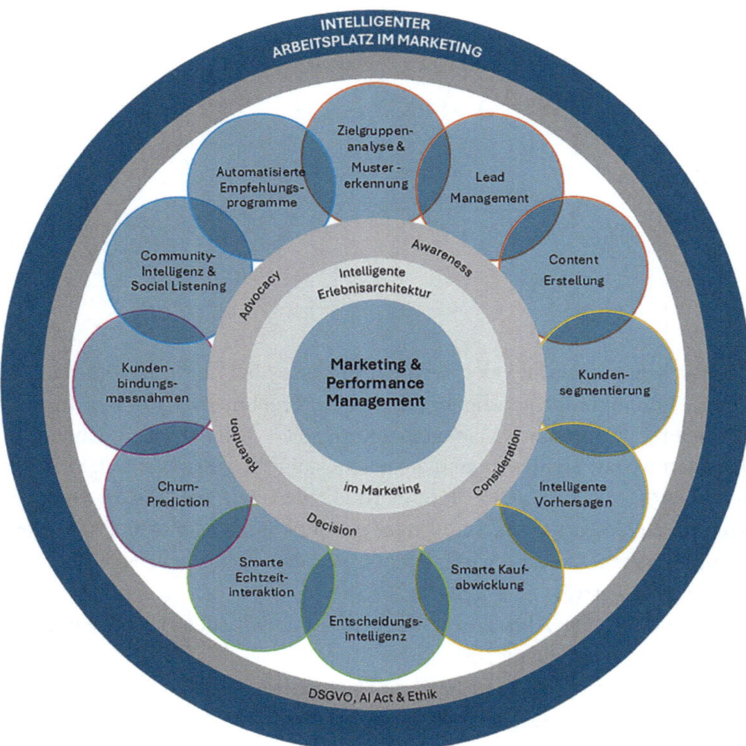

Abb. 3.1 Intelligenter Arbeitsplatz im Marketing (Kreismodell)

Studien zeigen, dass Unternehmen mit integrierten, KI-gestützten Marketing-plattformen signifikant höhere Retentionsraten und eine gesteigerte Lifetime Value erzielen (vgl. Gartner, 2025c; McKinsey, 2025c).

Der intelligente Marketingarbeitsplatz ist somit nicht nur ein technologisches Framework, sondern ein strategisches Instrument zur Messung, Steuerung und Optimierung von Kundenzufriedenheit. Er befähigt Unternehmen, Entscheidungen datenbasiert und automatisiert zu treffen – und schafft damit die Voraussetzungen für nachhaltige Kundenbindung. **Denn: Zufriedene Kunden bleiben länger.**

Dieser Arbeitsplatz ist nicht nur technologisch integriert, sondern auch prozessual durchdacht. Er bildet die Grundlage für alle fünf Module der Customer Journey – von Awareness bis Advocacy – und folgt einer klaren Prozesslogik.

Die gute Nachricht: die modernen Cloud-Plattformen schaffen alle Voraussetzungen inklusive der Möglichkeiten der Nutzung von KI. Ein intelligenter Arbeitsplatz im Marketing soll im Folgenden in den einzelnen Modulen erläutert werden (vgl. Abb. 3.1).

3.1   Modul 1: Intelligente Erlebnisarchitektur im Marketing

KI-gestützte Erlebnisarchitektur im Zusammenspiel mit Ethik und DSGVO

Im KI-gestützten Marketingarbeitsplatz sind Customer Data Platforms, Digital Experience Platforms (DXP), Content Management Systeme und KI-gestützte Marketing Automation keine isolierten Technologien, sondern integrale Bestandteile einer orchestrierten Erlebnisarchitektur. Sie bilden die technologische Grundlage für die datengetriebene, personalisierte und skalierbare Gestaltung der Customer Journey – von Awareness bis Advocacy. Die nachfolgende Abbildung (vgl. Abb. 3.2) zeigt einen Auszug zentraler Technologien für einen KI-gestützten Arbeitsplatz im Marketing (ohne Anspruch auf Vollständigkeit).

Eine KI-gestützte Digital Experience Platform (DXP) kann personalisierte Produktempfehlungen in Echtzeit generieren, basierend auf dem aktuellen Browsing-Verhalten, historischen Käufen und ähnlichen Kundenprofilen. Die Integration von CDP, CMS und DXP ermöglicht dabei eine konsistente, kanalübergreifende Kundenansprache und eine optimierte Customer Journey.

Dieses aus dem Retail Bereich stammende Beispiel zeigt, wie durch die Integration von Customer Data Platform (CDP), Digital Experience Platform (DXP) und Content Management System (CMS) eine hochgradig personalisierte Kundenansprache in Echtzeit möglich wird. Die Kombination dieser Technologien erlaubt es, Nutzerverhalten und historische Kaufdaten intelligent zu verknüpfen und daraus relevante Produktempfehlungen abzuleiten – direkt auf der Website und ohne Verzögerung. Für globale Einzelhändler bedeutet das nicht nur eine gesteigerte Conversion-Rate, sondern auch eine deutlich verbesserte Customer Experience. Der Einsatz integrierter Plattformen ist ein zentraler Hebel für digitale Wettbewerbsfähigkeit und Kundenbindung (vgl. von Helden und Gestalten, 2025).

Ein weiteres Beispiel aus der Telekommunikationsbranche zeigt die Nutzung einer CDP, um Kündigungsrisiken frühzeitig zu erkennen und gezielte Retention-Maßnahmen einzuleiten – etwa durch personalisierte Angebote oder Serviceverbesserungen (vgl. Arbeitsgemeinschaft Marketing, 2024). Die CDP aggregiert und

Technologie	Funktion im Marketingarbeitsplatz	Aktuelle Entwicklungen (Stand Juli 2025)	Praxisbeispiele / Nutzen
Customer Data Platform (CDP)	Konsolidierung und Analyse von Kundendaten aus verschiedenen Quellen zur Erstellung eines einheitlichen Kundenprofils	Starke Integration in größere Plattformen durch Übernahmen (z. B. mParticle, Relay42) Wachstum bei „Composable CDPs" mit flexibler Architektur Fokus auf Echtzeitdatenverfügbarkeit und KI-gestützte Segmentierung	Telekommunikation: Früherkennung von Kündigungsrisiken Retail: Echtzeit-Personalisierung auf Basis von Kaufverhalten
Digital Experience Platform (DXP)	Orchestrierung kanalübergreifender, personalisierter Kundenerlebnisse durch Integration von CDP, CMS, Analytics und KI	Hyperpersonalisierung durch KI und ML (z. B. Sitecore AI) No-/Low-Code-Funktionalitäten für agile Kampagnen Fokus auf Datenschutz und Compliance (z. B. Consent Management)	Finanzdienstleister: Konsistente Beratung über Website, Chatbot und E-Mail Retail: Next-Best-Offer Engines und dynamische Landingpages
Content Management System (CMS)	Erstellung, Verwaltung und Ausspielung personalisierter Inhalte, oft KI-gestützt und orchestriert durch DXP	Headless-Architekturen und Cloud-native Lösungen KI-gestützte Content-Erstellung und SEO-Optimierung Integration mit E-Commerce und Marketing Automation	E-Commerce: Automatisierte Produktbeschreibungen für verschiedene Zielgruppen CMS als Content Engine für kontextuelle Ausspielung
KI-gestützte Marketing Automation	Automatisierung und Optimierung von Marketingprozessen entlang der Customer Journey durch KI-gestützte Entscheidungslogik	Adaptive Journeys und Predictive Scoring Integration von KI-Agenten zur Echtzeitsteuerung Fokus auf Effizienz, Personalisierung und Zielgruppenpräzision	Automobilbranche: Personalisierte Nachverfolgung nach Websitebesuch B2B: Automatisierte Leadqualifizierung und Angebotsausspielung

Abb. 3.2 Abb_Auszug_Technologien_KI_Mkt_Arbeitsplatz

vereinheitlicht Kundendaten aus verschiedenen Quellen – etwa CRM, Web-tracking, E-Mail, Social Media und Offline-Kanälen – und stellt diese in Echtzeit für Analyse, Segmentierung und Personalisierung bereit. Im Unterschied zu CRM-Systemen sind CDPs darauf ausgelegt, verhaltensbasierte Datenströme zu verarbeiten und KI-Modelle mit konsolidierten Kundenprofilen zu versorgen (vgl. Salesforce, 2025b; Microsoft, 2025a).

DXPs unterschiedlicher Cloud Anbieter schaffen Orchestrierung durch das Kombinieren unterschiedlicher Funktionen aus CDP, CMS, Analytics, KI und KI-gestützter Marketing Automation. Sie ermöglichen damit die kanalübergreifende Orchestrierung von Customer Journeys – etwa durch Next-Best-Offer Engines, dynamische Landingpages oder automatisierte Serviceprozesse (vgl. Gartner Peer Insights, 2025). Finanzdienstleister nutzen DXPs, um Kunden über verschiedene Touchpoints hinweg konsistente Beratungserlebnisse zu bieten – von der Website über Chatbots bis hin zu personalisierten E-Mails (vgl. Wagner, 2023).

Moderne Content Management Systeme fungieren mehrheitlich als KI-gestützte Content-Engines, die Inhalte dynamisch generieren, personalisieren und ausspielen – basierend auf CDP-Daten und orchestriert durch DXP-Logiken. Sie sind eng mit KI-gestützter Marketing Automation verknüpft, um Inhalte nicht nur zu verwalten, sondern auch kontextsensitiv auszuliefern (vgl. HubSpot, 2025a).

E-Commerce-Unternehmen nutzen beispielsweise ein KI-gestütztes CMS, um Produktbeschreibungen automatisch zu generieren und je nach Zielgruppe sprachlich anzupassen – etwa für unterschiedliche Altersgruppen oder Regionen (vgl. Arbeitsgemeinschaft Marketing, 2024). Ergänzend kann ein Smart Product Agent zum Einsatzkommen, der strukturierte Produktdaten wie Titel, Marke, Attribute und SEO-Begriffe verarbeitet, um hochwertige, markenkonforme und kanal-optimierte Texte zu erstellen. Durch die Kombination von Bildanalyse und Attribut-abgleich generiert das System präzise Beschreibungen, die sich stilistisch an die jeweilige Zielgruppe und den Vertriebskanal anpassen lassen – etwa für Amazon, Instagram oder den eigenen Onlineshop.

KI-gestützte Marketing Automation verbindet Daten, Content und Entscheidungslogik in einem automatisierten Workflow und kann als Taktgeber verstanden werden. Sie analysiert Kundenverhalten, prognostiziert Absichten und steuert in Echtzeit die passenden Maßnahmen – etwa E-Mail-Kampagnen, Chatbot-Dialoge oder Angebotsausspielungen. Es lassen sich nicht nur Prozesse automatisieren, sondern diese kontinuierlich durch KI optimieren – etwa durch A/B-Testing, Predictive Scoring oder adaptive Journeys. KI „denkt" vernetzt und orchestriert die Customer Journey entlang aller Phasen – von Awareness bis Advocacy – durch eine intelligente Kombination aus CRM-, CDP- und CMS-Systemen (vgl. defacto GmbH, 2024; Arbeitsgemeinschaft Marketing, 2024).

Ein Beispiel aus der Automobilbranche zeigt den Einsatz KI-gestützter Automationssysteme, um Interessenten nach dem Besuch einer Modellseite gezielt mit Informationen zu Finanzierung, Probefahrt und Zubehör zu versorgen – basierend auf ihrem digitalen Verhalten. Die Conversion-Rate für Probefahrten stieg, während die Abbruchquote im Finanzierungsprozess sank – ein klarer Hinweis auf die Effektivität personalisierter, KI-gesteuerter Kommunikation (vgl. Arbeitsgemeinschaft Marketing, 2024).

Ethische Dimensionen im KI-gestützten Marketing – Zwischen Verantwortung, Vertrauen und Automatisierung

Die zunehmende Integration von KI in Marketingprozesse entlang der Customer Journey wirft zentrale ethische Fragen auf: Wer trägt Verantwortung für KI-Entscheidungen? Wie lässt sich Transparenz sicherstellen? Und wie kann Vertrauen in automatisierte Systeme aufgebaut werden? Die Beantwortung dieser Fragen hängt maßgeblich davon ab, ob Unternehmen einem Customer Centric, Human Centric oder AI Centric Paradigma folgen.

Im Customer-Centric-Modell steht der Mensch im Mittelpunkt aller Entscheidungen. KI wird als Assistenzsystem verstanden, das datenbasierte Empfehlungen liefert, aber nicht autonom entscheidet. Ethik manifestiert sich hier durch Relevanz, Fairness und Transparenz: Inhalte und Angebote sollen nicht nur konvertieren, sondern auch respektvoll, inklusiv und nachvollziehbar sein. Die technologische Gestaltung folgt dem Prinzip der „menschlichen Kontrolle" – etwa durch erklärbare Algorithmen, adaptive Feedbackschleifen und die bewusste Begrenzung sensibler Datenquellen.

Beispiel: Ein Versicherungsunternehmen achtet darauf, dass personalisierte Angebote nicht auf Gesundheitsdaten basieren, sondern auf freiwillig angegebenen Interessen – um Diskriminierung zu vermeiden (vgl. Arbeitsgemeinschaft Marketing, 2024). Die Akzeptanzrate für digitale Beratungstools stieg während Beschwerden über intransparente Angebote zurückgingen – ein Beleg für die Wirksamkeit ethisch fundierter KI-Strategien (vgl. Pohlmann et all, 2022; Burmeister, 2025).

Das Human-Centric-Modell betont die Verantwortung des Menschen in der Zusammenarbeit mit KI. Studien zeigen, dass die Art der Mensch-KI-Interaktion entscheidend ist: Wenn KI als Empfehlungssystem eingesetzt wird, steigt das Verantwortungsbewusstsein der Nutzer. Wird KI hingegen als autonomer Akteur wahrgenommen, sinkt die persönliche Verantwortung – mit potenziell negativen Folgen für ethisches Verhalten (vgl. Gaczek et al., 2025a). McKinsey & Company (2022) betont in diesem Zusammenhang die Bedeutung von Erklärbarkeit (Explainability) Fairness und Bias-Kontrolle als zentrale Prinzipien ethischer KI-Systeme.

Beispiel: In einem B2B-Kontext wird ein KI-System zur Lead-Qualifizierung eingesetzt. Die finalen Entscheidungen treffen jedoch Marketingverantwortliche und dokumentieren diese inklusive Begründung der Auswahl (vgl. Wagner, 2023).

Im AI-Centric-Modell übernimmt die KI zunehmend die Steuerung von Entscheidungen – etwa durch automatisierte Kampagnen, dynamische Preisgestaltung oder Echtzeit-Personalisierung. Dieses Modell bietet enorme Effizienzgewinne, birgt aber auch Risiken: Intransparenz, algorithmische Diskriminierung und Entmenschlichung der Kommunikation.

Beispiel: Eine Modeplattform nutzt KI zur automatischen Auswahl von Influencern für Kampagnen. Ohne ethische Leitplanken könnten dabei stereotype oder manipulative Kriterien dominieren – etwa die bevorzugte Auswahl nach Aussehen oder Reichweite (vgl. Arbeitsgemeinschaft Marketing, 2024). Capgemini Research Institute (2025) warnt in aktuellen Analysen davor, dass „agentische KI" ohne klare Governance-Strukturen zu einem Kontrollverlust führen kann – insbesondere, wenn KI-Systeme selbstständig lernen und agieren.

Ein weiteres Beispiel eines internationalen Maschinenbaukonzerns zeigt, wie eine intelligente Erlebnisarchitektur im industriellen B2B Marketingumfeld Effizienz, Kundenbindung und ethische Verantwortung vereint. Der Maschinenbaukonzern nutzt eine integrierte Erlebnisarchitektur, um die Vermarktung und den Service seiner Ersatzteile im B2B-Geschäft zu optimieren. Die Customer Data Platform (CDP) konsolidiert Daten aus ERP-Systemen, Serviceprotokollen, IoT-Sensoren und CRM – etwa zu Maschinenlaufzeiten, Wartungszyklen und Kundeninteraktionen. Diese Daten fließen in eine Digital Experience Platform (DXP), die kanalübergreifend orchestriert: Kunden erhalten automatisiert Hinweise zu bevorstehenden Wartungen oder passenden Ersatzteilen – über Kundenportale, E-Mail oder mobile Apps. Das Content Management System (CMS) generiert dynamische Inhalte wie technische Dokumentationen, Montagevideos oder personalisierte Empfehlungen basierend auf Maschinentyp und Standort. Die KI-gestützte Marketing Automation analysiert das Nutzungsverhalten, prognostiziert Bedarfe und steuert automatisierte Kampagnen – etwa zur proaktiven Ersatzteilbestellung oder zur Buchung von Serviceterminen. Dabei wird ein ethischer Rahmen eingehalten: Die KI erklärt ihre Empfehlungen transparent, vermeidet diskriminierende Muster (z. B. bei Preisgestaltung), und kritische Entscheidungen – etwa bei Garantiefragen – bleiben menschlich kontrolliert. So entsteht ein intelligenter Marketingarbeitsplatz, der Effizienz, Kundenbindung und ethische Verantwortung im industriellen B2B-Marketing vereint.

Zusammengefasst lassen sich daraus ethische Leitlinien für den KI-Einsatz im Marketing wie folgt ableiten:

Transparenz: Nutzer müssen verstehen, wie KI-Entscheidungen zustande kommen (Erklärbarkeit/Explainability).

Verantwortung: Menschen bleiben verantwortlich – auch wenn KI automatisiert.

Fairness: KI darf keine diskriminierenden Muster reproduzieren.

Zweckbindung: Daten dürfen nur für legitime, nachvollziehbare Zwecke verwendet werden.

Kontrollmechanismen: KI-Systeme sollten auditierbar, abschaltbar und überprüfbar sein.

3.2   Modul 2: Customer Journey Phasen

Innerhalb der Awareness-Phase im Rahmen der Customer Journey ermöglicht KI eine präzise, datenbasierte Ansprache potenzieller Kunden. Durch die Kombination von CRM, CDP und KI-gestützter Marketing Automation werden Leads automatisch erkannt, qualifiziert und segmentiert. Moderne Cloudsysteme analysieren Verhaltensdaten in Echtzeit und generieren personalisierte Inhalte, wie Landingpages, E-Mails oder Social Ads (vgl. Salesforce, 2025f; HubSpot, 2025b; Microsoft, 2025d).

Large Language Models (LLMs) und Natural Language Generation (NLG) ermöglichen die automatisierte Erstellung von Texten, die auf Nutzerverhalten, Kontext und Präferenzen abgestimmt sind. Prompts dienen dabei als Schnittstelle zwischen Mensch und Maschine: Marketingteams formulieren Content-Briefings in natürlicher Sprache, die von KI in skalierbare Inhalte übersetzt werden (vgl. Adobe, 2025c).

Die Echtzeit-Personalisierung steigert nicht nur die Conversion Rate, sondern auch die Markenbindung – vorausgesetzt, die Inhalte sind konsistent über alle Touchpoints hinweg orchestriert (vgl. McKinsey & Company, 2025c).

In der Consideration-Phase stehen potenzielle Kunden vor der Herausforderung, zwischen verschiedenen Anbietern zu wählen. Der intelligente Marketingarbeitsplatz unterstützt diese Phase mit KI-gestützter Zielgruppenanalyse, dynamischer Segmentierung und datenbasierter Content-Ausspielung.

Cloudbasierte Systeme analysieren Verhalten, Demografie, Kontexte und Interaktionen in Echtzeit. Auf dieser Basis entstehen präzise Mikrosegmente, die automatisiert mit relevanten Inhalten bespielt werden – von informativen Whitepapers bis hin zu interaktiven Vergleichstools (vgl. HubSpot, 2025c; Salesforce, 2025f; McKinsey & Company, 2025c).

Gleichzeitig sorgt AI-basierte Relevanzbewertung dafür, dass potenziell uninteressierte Kontakte aus der weiteren Kommunikation ausgeschlossen werden – ganz im Sinne der DSGVO und ethischer Prinzipien wie Fairness und Transparenz (vgl. Zoho Blog, 2025; AnalytixLabs, 2024).

Ein weiteres zentrales Element ist adaptive Content: Auf Basis von KI-Prognosen werden Inhalte dynamisch angepasst – etwa durch NLG-Module, die Texte je nach Nutzertyp, Branche oder bevorzugtem Kommunikationsstil variieren und durch Tool basierte Content-Ausbildung sowohl Engagement als auch Conversion-Raten verbessern (vgl. Adobe, 2025c); Dynamics Solution 2025.)

Ethisch entscheidend ist in dieser Phase die Vermeidung algorithmischer Diskriminierung relevant. Verzerrte Daten oder intransparente Entscheidungslogiken können zu ungewollter Ausgrenzung führen. Daher bedarf es regelmäßiger Modell-Audits, Fairness-Checks und menschlicher Überprüfungen (vgl. Lupo Digital, 2025; EY Switzerland, 2024).

Im Rahmen der Entscheidung (Decision) wird der intelligente Marketingarbeitsplatz zur Schaltzentrale für konversionsrelevante Entscheidungen. Hier greifen Customer Data Platforms (CDP), Business Intelligence (BI) und Digital Experience Platforms (DXP) ineinander, um datenbasierte Entscheidungen in Echtzeit zu ermöglichen. Zunehmend übernehmen dabei intelligente Assistenten eine aktive Rolle in der Entscheidungsfindung.

Ein zentrales Element ist das KI-gestützte Scoring von Kaufwahrscheinlichkeiten: AI Assistants analysieren historische Transaktionen, Interaktionsmuster und Kontextdaten, um die Abschlusswahrscheinlichkeit einzelner Leads oder Accounts zu prognostizieren. Diese Scores werden direkt in User Interfaces der jeweiligen Plattformen visualisiert und priorisieren automatisch die vielversprechendsten Opportunities (vgl. Harvard Business Review, 2025, Hubspot, 2025d).

Darüber hinaus schlagen die Assistenten kontextbasierte Next-Best-Offer/Actions vor – etwa ein individuelles Angebot, eine Produktempfehlung oder ein persönliches Beratungsgespräch. Diese Vorschläge basieren auf Echtzeitdaten aus CDP und DXP und werden direkt in die Customer Journey integriert. Die Umsetzung erfolgt automatisiert über die Marketing Automation Plattform inklusive Content-Ausspielung, Timing und Kanalwahl (vgl. Adobe, 2025e; Salesforce, 2025f).

Im Zusammenspiel mit DXP orchestrieren AI Assistants die Angebotskommunikation kanalübergreifend – etwa durch dynamische Landingpages, personalisierte E-Mails oder Chatbot-gestützte Beratung. So wird die Entscheidung nicht nur vorbereitet, sondern aktiv begleitet.

Die Integration von KI-Assistenten zeigt, wie der intelligente Arbeitsplatz nicht nur operative Prozesse automatisiert, sondern auch strategische Entscheidungen unterstützt. Durch die Kombination aus Scoring, Visualisierung und Handlungsempfehlung entsteht ein datengetriebenes Entscheidungsumfeld, das sowohl Effizienz als auch Relevanz steigert – ein zentrales Ziel des Marketing Performance Managements.

Die Retention-Phase konzentriert sich auf bestehende Kunden, diese langfristig zu binden und deren Abwanderung aktiv zu verhindern. KI-gestützte Systeme analysieren das Verhalten entlang des gesamten Customer Lifecycles, identifizieren Warnsignale für Churn und schlagen automatisiert Maßnahmen vor.

Churn Prediction ist dabei ein zentraler Bestandteil: Algorithmen erkennen Muster wie sinkende Interaktionsraten, fehlende Logins oder Support-Anfragen mit negativem Sentiment und leiten daraus Risikoprofile ab. Plattformen wie Salesforce Einstein, Akira AI oder Dynamics Customer Insights integrieren diese Prognosen direkt in CRM-Systeme und ermöglichen gezielte Gegenmaßnahmen (vgl. Akira AI, 2024; Microsoft, 2025e; Salesforce, 2025g).

Auf dieser Basis erfolgen dann automatisierte Retention-Maßnahmen, wie Trigger-Mails mit personalisierten Angeboten, Loyalty-Programme oder Eskalationen an das Customer Success Team. Durch die Kombination mit Marketing Automation lassen sich diese Maßnahmen individuell, kanalübergreifend, kontextsensitiv und mit direktem Feedback-Loop orchestrieren.

Erfolgreiche Retention basiert jedoch nicht nur auf Technologie, sondern auch auf ethischen Grundsätzen: Kunden dürfen nicht „überwacht" oder manipuliert, sondern müssen transparent informiert und respektvoll behandelt werden. Die DSGVO verpflichtet zur Offenlegung automatisierter Entscheidungen, und der AI Act fordert klare Governance-Mechanismen für KI-Systeme mit potenziellen Auswirkungen auf individuelle Rechte (vgl. MediaLaws, 2024).

Die Advocacy fokussiert sich auf die Aktivierung loyaler Kunden als Marketingbotschafter. Der intelligente Marketingarbeitsplatz nutzt hierfür eine Kombination aus Social Listening-Tools, Community-Plattformen und KI-gestützter Sentiment-Analyse, um relevante Signale aus sozialen Netzwerken, Communities und Feedbackkanälen zu identifizieren und in konkrete Maßnahmen zu überführen (vgl. Gartner, 2025c; Sprinklr, 2025).

Community Management wird dabei zunehmend in intelligenten Workspace integriert: KI-Assistenten analysieren Diskussionen, erkennen Meinungsführer und schlagen gezielte Interaktionen vor, beispielsweise durch personalisierte Antworten, Einladungen zu Beta-Programmen oder Co-Creation-Initiativen. Diverse Plattformen und Tools ermöglichen die zentrale Steuerung dieser Aktivitäten über intuitive User Interfaces (vgl. Salesforce, 2025g; HubSpot, 2025b).

Ein weiteres zentrales Element ist die KI-gestützte Sentiment-Analyse: Sie bewertet in Echtzeit die Tonalität von Kundenäußerungen und identifiziert sowohl positive Markenbotschafter als auch potenzielle Risiken für die Reputation. Diese Erkenntnisse fließen direkt in das Empfehlungsmarketing ein – etwa durch automatisierte Anfragen für Bewertungen, Testimonials oder Social Shares (vgl. Adobe, 2025a).

Kollaborative Feedback-wird durch KI-Assistenten zusammengefasst, Themen werden priorisiert und an relevante, menschliche Teams weitergeleitet und beispielsweise im Rahmen der Produktentwicklungen oder des Customer Success angewandt. So wird aus Advocacy nicht nur ein Kommunikationsinstrument, sondern ein strategischer Feedback-Kanal.

Der intelligente Arbeitsplatz geht über die klassische Marketingautomatisierung hinaus. Durch die Integration von Community-Management, Sentiment-Analyse und kollaborativer Feedbackverarbeitung wird Advocacy zu einem datenbasierten, skalierbaren Prozess, der nicht nur Reichweite, sondern auch Produkt- und Servicequalität verbessert.

3.3 Modul 3: Zielgruppenanalyse & Mustererkennung

In einer zunehmend fragmentierten Medienlandschaft und unter dem Eindruck datenreicher Kundeninteraktionen wird zielgerichtetes Marketing mehr denn je zur Disziplin der Mustererkennung. Klassische Zielgruppenmodelle, die auf demografischen Clustern oder groben Milieuzuordnungen basieren, reichen längst nicht mehr aus, um die Komplexität moderner Kundenrealitäten abzubilden. Entscheidend ist nicht mehr nur, wer eine Zielgruppe ist, sondern wie sie sich verhält – über Kanäle, Zeitpunkte und Kontexte hinweg. KI-gestützte Zielgruppenanalyse erschließt genau diesen Möglichkeitsraum: Sie erkennt wiederkehrende Muster, deckt verborgene Korrelationen auf und macht damit Segmentierungen nicht nur granularer, sondern vor allem relevanter (vgl. Mailsoftly, 2025).

Im Zentrum dieses Wandels steht die Fähigkeit, aus heterogenen Datenquellen – CRM-Systeme, Social Media, Webtracking, Kundenservice-Protokolle, Kampagneninteraktionen – semantisch gehaltvolle Profile zu erstellen. Die Herausforderung besteht darin, aus dieser Datenfülle belastbare Signale zu extrahieren. Genau hier greifen moderne KI-Verfahren: Durch Machine Learning (ML) und Natural Language Processing (NLP) werden Texte, Verhalten und Klickpfade nicht nur katalogisiert, sondern semantisch interpretiert. So kann etwa ein plattformübergreifendes Analysemodell erkennen, dass Nutzer, die sich für Nachhaltigkeitsthemen interessieren, mit höherer Wahrscheinlichkeit auf erklärende

Videoformate reagieren – selbst wenn sie ursprünglich über völlig unterschiedliche Kanäle angesprochen wurden (vgl. Mailsoftly, 2025).

Ein aktuelles Beispiel aus dem Finanzdienstleistungssektor veranschaulicht das Potenzial: Eine Bank analysiert Kundeninteraktionen über App, Website und Callcenter hinweg. Dabei nutzt sie ein LLM, das Dialoge in Kundenchats semantisch auswertet, um emotionale Tonalität, Interessen und Frustrationsmomente zu identifizieren. Parallel clustert ein ML-Modell auf Basis von Transaktionsdaten, wie häufig bestimmte Services genutzt werden. Die KI entdeckt, dass eine Kundengruppe mit häufigem Kontakt zum Kundenservice, mittlerem Einkommen und hohem Interesse an Finanzbildung besonders affin für automatisierte Anlageprodukte ist – eine Zielgruppe, die bislang durch klassische demografische Segmentierungen nicht sichtbar war (vgl. AspireSys, 2023).

Der eigentliche Mehrwert liegt dabei nicht nur in der Präzision, sondern in der Dynamik. KI-basierte Zielgruppensegmentierungen sind lernend – sie passen sich an, erkennen Veränderungen in Verhaltensmustern und aktualisieren Clusterstrukturen kontinuierlich. Wo traditionell ein Segmentierungsprozess mehrere Wochen dauerte und auf einer statischen Kampagnenlogik beruhte, reagieren moderne Systeme heute nahezu in Echtzeit auf Veränderungen – etwa wenn ein Nutzer über Nacht von Informations- in Kaufmodus wechselt oder saisonale Themen kurzfristig an Relevanz gewinnen (vgl. Mailsoftly, 2025).

Hinzu kommt die Fähigkeit, sogenannte latente Segmente zu erkennen – also Zielgruppen, die bisher gar nicht als solche sichtbar waren. Dies gelingt durch sogenannte Unsupervised Learning Ansätze, bei denen die KI ohne vordefinierte Labels nach Mustern in den Daten sucht. So kann beispielsweise ein Retail-Unternehmen mithilfe eines Clustering-Algorithmus feststellen, dass eine bestimmte Kombination aus Nutzungsverhalten, Produktpräferenzen und Retourenverhalten auf eine hohe Abwanderungswahrscheinlichkeit hindeutet – ein Frühwarnsystem, das es dem Marketing ermöglicht, präventiv gegenzusteuern (vgl. ResearchGate, 2025).

Ein integraler Vorteil liegt in der Fähigkeit, diese Erkenntnisse direkt in die Personalisierung zu überführen. Durch die Kombination aus KI-gestützter Mustererkennung und generativer KI lassen sich Inhalte, Empfehlungen und Ansprecheformen automatisiert auf das erkannte Verhaltensmuster abstimmen. So kann ein Interessent, der im Kontext beruflicher Weiterbildung agiert, nicht nur thematisch passende Inhalte erhalten, sondern auch in Tonalität, Format und Kanal so angesprochen werden, wie es seinem Nutzungsverhalten entspricht – kontextsensitiv, personalisiert und skalierbar (vgl. AI by Humans, 2024).

Die Skalierbarkeit solcher Systeme ist zugleich ihre größte Stärke. Während menschliche Analystenteams durch Komplexität und Datenvolumen schnell limitiert sind, bewältigen KI-gestützte Systeme Millionen Datenpunkte in Sekunden. Dies ist gerade im Kontext groß angelegter Multi-Channel-Kampagnen entscheidend, bei denen Zielgruppen nicht nur gefunden, sondern auch synchron angesprochen werden müssen. Cloudbasierte Infrastrukturen, etwa auf Basis von Azure oder AWS, ermöglichen eine performante Umsetzung auch bei Lastspitzen, etwa zu Black Friday oder bei Produkteinführungen (vgl. ZS, 2023).

Ein entscheidender Punkt ist dabei die Umsetzbarkeit: Statt auf langwierige Trainingszyklen oder dedizierte Modellierung angewiesen zu sein, ermöglichen moderne Prompting-Strategien eine schnelle Operationalisierung. LLMs können durch präzise Anfragen (Prompts) aktiviert werden, um etwa neue Clustermuster zu analysieren oder Texte für spezifische Zielgruppenvarianten zu generieren – ohne dass dafür eigens trainierte Modelle notwendig sind (vgl. Mailsoftly, 2025). Das erhöht nicht nur die Time-to-Value, sondern schafft auch eine neue Agilität im Marketing.

Zusammengefasst eröffnet KI-gestützte Zielgruppenanalyse eine neue Dimension der Relevanz. Sie schafft es, komplexe, dynamische und oft verborgene Muster sichtbar zu machen und in marktrelevante Insights zu übersetzen. Unternehmen, die diese Fähigkeit in ihre Marketingprozesse integrieren, schaffen nicht nur eine höhere Zielgenauigkeit, sondern legen die Grundlage für datenbasierte Entscheidungen entlang der gesamten Customer Journey – von der ersten Aufmerksamkeit bis zur Kundenbindung.

3.4   Modul 4: Lead Management

Der Wandel im Marketing ist nicht nur digital, sondern vor allem intelligent. Angesichts komplexer Customer Journeys, datengetriebener Kampagnen und wachsender Erwartungen an Personalisierung steht das klassische Lead Management unter enormem Veränderungsdruck. Wo früher selektive Formulare, manuelle Qualifizierung und sequentielle Vertriebsübergaben dominierten, entfalten heute KI-basierte Systeme ein deutlich dynamischeres und präziseres Potenzial. Sie schaffen Transparenz in Echtzeit, priorisieren mit hoher Relevanz und verbinden Marketing und Vertrieb auf einer gemeinsamen Datenbasis. Doch damit diese Potenziale nicht nur in Piloten oder Pitches sichtbar werden, sondern im Alltag Wirkung entfalten, bedarf es eines ganzheitlichen Verständnisses des Lead-Managements als orchestrierten, KI-gestützten Prozess.

Im Kern beginnt dieser Prozess nicht mit einem Klick, sondern mit einem Verstehen. Moderne Lead-Erfassungssysteme, angereichert mit intelligentem Tracking, Content-Reaktionsanalysen und NLP-basierten Auswertungen von Touchpoints, liefern nicht nur Daten, sondern Kontexte. Ein Download eines Whitepapers wird nicht mehr isoliert betrachtet, sondern im Zusammenhang mit vorangegangenen und folgenden Aktivitäten eingeordnet – inklusive semantischer Bewertung der Interessenlage. Damit rücken Signale in den Vordergrund, die über klassische demografische Merkmale hinausgehen und tatsächliche Intentionsmuster abbilden (vgl. Marketing Automation & AI Report, 2024).

Die Qualifizierung, traditionell oft über statische Lead Scoring Modelle realisiert, erfährt durch den Einsatz von LLMs eine neue Tiefe. KI-basierte Systeme sind in der Lage, Anfragen oder Nutzerverhalten nicht nur zu kategorisieren, sondern zu interpretieren. So kann eine Anfrage zu „Preisoptionen für hybride Cloud-Architekturen" als Indikator für eine fortgeschrittene Kaufbereitschaft gewichtet werden, während ein allgemeiner Download zu „Trends in der IT-Infrastruktur" als Frühsignal für ein Themeninteresse dient. Diese semantische Differenzierung – ermöglicht durch Natural Language Understanding (NLU) – verbessert nicht nur die Bewertung, sondern auch die Priorisierung von Leads erheblich (vgl. Forrester, 2025).

Ein Beispiel aus der Versicherungsbranche verdeutlicht den Nutzen: Ein Interessent informiert sich zunächst über Altersvorsorgeprodukte und stellt dann über das Kontaktformular eine konkrete Frage zu einem Riester-Vertrag. Die KI erkennt den Wechsel von der Informations- zur Entscheidungsphase, analysiert zudem das Antwortverhalten auf eine darauffolgende E-Mail-Kampagne, berechnet daraus ein kontextualisiertes Lead Score und stuft den Kontakt als „vertriebsbereit" ein. Ein solcher Vorgang, der manuell Tage dauern und zahlreiche subjektive Einschätzungen erfordern würde, erfolgt heute in Echtzeit – und integriert (vgl. CRM Copilot, 2025).

Lead-Nurturing ist damit nicht länger eine lineare Kampagnenlogik, sondern ein dynamischer Dialog. KI-gestützte Automatisierungsplattformen erstellen individuelle Content-Strecken, leiten aus Reaktionen automatisiert neue Maßnahmen ab und passen die Kommunikation kontinuierlich an. Die Fähigkeit, Inhalte nicht nur nach Segmenten, sondern nach situativer Relevanz und prognostiziertem Engagement auszuspielen, hebt die Qualität des Dialogs auf ein neues Niveau. Zugleich wird die Interaktion durch intelligente Systeme wie Chatbots, Conversational Interfaces oder Sprachassistenten ergänzt – die wiederum alle Touchpoints zentral analysieren (vgl. SuperAGI, 2025a).

Entscheidend ist jedoch nicht nur die Qualität der Entwicklung, sondern auch der reibungslose Übergang an den Vertrieb. Hier entfalten KI und Cloud ihre Stärken im Zusammenspiel: Ein intelligentes Routing-System weist Leads nicht einfach einem verfügbaren Vertriebsmitarbeiter zu, sondern ermittelt auf Basis historischer Abschlussraten, Produktschwerpunkte, Branchenerfahrung und regionaler Nähe den optimalen Ansprechpartner. Alle relevanten Kontextdaten – von der

Historie über das Kommunikationsverhalten bis hin zu potenziellen Einwänden – werden nahtlos ins CRM überführt. So startet der Vertrieb nicht bei null, sondern mit einem Informationsvorsprung, der die Abschlusswahrscheinlichkeit signifikant erhöht (vgl. ProPair.ai, 2025; SuperAGI, 2025e).

Neben der Individualisierung und Effizienzgewinn liegt ein weiterer Nutzen in der Skalierbarkeit: Während klassische Lead-Management-Prozesse bei steigenden Volumina schnell an Grenzen stoßen, können KI-gestützte Systeme parallel hunderte oder tausende Leads verarbeiten – ohne Abstriche bei Präzision oder Qualität. Dies ist insbesondere in Branchen mit hohen Kampagnenfrequenzen und saisonalen Peaks ein entscheidender Vorteil (vgl. Marketing Automation & AI Report, 2024; Adobe & Econsultancy, 2024). Zudem ermöglicht die Nutzung generativer KI den Verzicht auf aufwendige Trainingsphasen: Statt auf spezifisch gelabelte Daten angewiesen zu sein, können Modelle über Prompting auch neue Lead-Typen oder Kampagnenlogiken kurzfristig adaptieren – etwa bei Markteinführungen oder regulatorischen Änderungen (vgl. ProPair.ai, 2025).

Nicht zuletzt wirkt sich dieser Ansatz auch positiv auf die Zusammenarbeit zwischen Marketing und Vertrieb aus. Anstelle von Übergabekonflikten und unklaren Zuständigkeiten etabliert ein intelligentes Lead Management klare Kriterien, nachvollziehbare Scoring-Modelle und eine durchgängige Transparenz über den Lead-Lifecycle. Ein gemeinsames Verständnis, gespeist aus denselben Daten und Erkenntnissen, stärkt das Vertrauen und erhöht die Conversion Rates signifikant (vgl. Salesken AI, 2025).

Ein KI-gestütztes Lead Management transformiert nicht nur Prozesse, sondern Denkweisen. Es macht aus fragmentierten Aktivitäten einen lernenden Kreislauf – von der ersten Interaktion bis zur Übergabe. Unternehmen, die diese ganzheitliche Logik verstehen und implementieren, schaffen nicht nur Effizienz, sondern Relevanz: für Kunden, für Vertriebsteams und für den Geschäftserfolg.

3.5   Modul 5: Content Erstellung

Die Fähigkeit, Inhalte in Echtzeit zu generieren und auf individuelle Nutzerprofile abzustimmen, markiert einen Paradigmenwechsel in der Kundenkommunikation. KI-gestützte Content-Systeme nutzen Natural Language Generation (NLG) und Large Language Models (LLMs), um Texte, Bilder und Videos zu erstellen, die auf Kontext, Verhalten und Präferenzen des Nutzers abgestimmt sind.

Ein E-Commerce-Unternehmen implementierte ein System, das für jeden Nutzer dynamisch Produktbeschreibungen, E-Mails und Landing Pages generiert. Die Inhalte basieren auf vorherigem Kaufverhalten, Suchverlauf und Standortdaten. Im

Ergebnis wurde eine gesteigerte Conversion Rate und eine reduzierte Bounce Rate erzielt. Die Inhalte wurden nicht nur automatisiert erstellt, sondern auch kontinuierlich durch A/B-Tests und Feedbackschleifen optimiert.

Vossebein et al. (2024) betonen, dass die Echtzeit-Personalisierung durch KI nicht nur die Relevanz der Inhalte erhöht, sondern auch die Markenbindung stärkt. Entscheidend ist dabei die Fähigkeit, Content nicht nur zu generieren, sondern diesen auch konsistent über alle Touchpoints hinweg auszuspielen – von der Website über E-Mail bis hin zu Social Media.

Aktuelle Studien zeigen, dass generative KI nicht nur die Geschwindigkeit der Content-Produktion erhöht, sondern auch deren Relevanz, Emotionalität und Kontextsensitivität verbessert. McKinsey & Company (2025c) hebt hervor, dass Unternehmen durch den Einsatz von GenAI in der Lage sind, „maßgeschneiderte Botschaften mit spezifischem Tonfall, Bildsprache und Timing" für Mikrosegmente zu erstellen – und das in großem Maßstab.

Adobe (2025d) beschreibt in diesem Zusammenhang die Rolle von „Agent Orchestrators", die auf Basis von Prompts Inhalte generieren, orchestrieren und ausspielen – etwa durch dialogbasierte Eingaben in der jeweiligen Plattform. Diese Prompts ermöglichen es Marketingteams, in natürlicher Sprache Content-Briefings zu formulieren, die dann durch KI in konkrete Assets übersetzt werden. Salesforce (2025c) betont, dass Content-Personalisierung nicht nur auf demografischen Daten, sondern zunehmend auf Verhaltensdaten, Echtzeitinteraktionen und kanalübergreifenden Signalen basiert. Die Kombination aus CDP, CMS und KI-gestützter Marketing Automation bildet dabei die technische Grundlage für skalierbare, personalisierte Kommunikation. Inhalte werden nicht mehr zentral geplant, sondern dezentral und datenbasiert generiert, getestet und optimiert.

KI-basierte Content-Erstellung Inhalte entstehen automatisiert auf Basis dialoggesteuerter Briefings, die Zielgruppen, Tonalität und Formate berücksichtigen.

Dynamische Ausspielung Inhalte werden in Echtzeit an individuelle Nutzerbedarfe angepasst und kanalübergreifend ausgespielt.

Automatisierte Textgenerierung Kommunikationsformate wie E-Mails, Blogbeiträge oder Social-Media-Posts werden effizient erstellt und kontinuierlich weiterentwickelt.

Content Supply Chain Management Die gesamte Wertschöpfungskette der Content-Produktion wird datengetrieben geplant, gesteuert und skaliert.

Prompt Engineering Die Steuerung der Content-Erstellung erfolgt über strukturierte Eingaben, die semantische und kontextuelle Anforderungen präzise abbilden.

3.6 Modul 6: Kundensegmentierung

In Zeiten zunehmender Individualisierung, sinkender Aufmerksamkeitsspannen und eines wachsenden Relevanzdrucks im Marketing wird der Einsatz von KI zur Kundensegmentierung nicht länger als optional, sondern als notwendig verstanden. Dabei reicht es nicht mehr aus, Kundengruppen auf Basis von Alter, Geschlecht oder Umsatzpotenzial zu clustern. Entscheidend ist die Fähigkeit, den aktuellen Kontext eines Kunden oder Kundengruppen zu erfassen, dessen Abschlusswahrscheinlichkeit anhand von passgenauen Inhalten und Angeboten korrekt zu priorisieren und diese Erkenntnisse direkt in interaktive Systeme zu überführen. Genau hier entfaltet die Kombination aus datengetriebener Segmentierung und Conversational KI ihr strategisches Potenzial (vgl. McKinsey & Company, 2025e).

Traditionelle Segmentierungsansätze basieren häufig auf starren Regeln oder historischen Daten. Ein Kunde, der in der Vergangenheit ein Produkt gekauft hat, wird als Wiederkäufer klassifiziert – unabhängig davon, ob sich dessen Interessen oder Lebenssituation inzwischen verändert haben. KI-basierte Segmentierung dagegen ist dynamisch, verhaltensbasiert und probabilistisch. Sie erkennt, wie sich ein Nutzer gerade jetzt verhält, welche Muster diesem Verhalten zugrunde liegen und welche Interaktionen typischerweise zu einem Abschluss führen (vgl. McKinsey & Company, 2025b; Twilio Segment, 2024).

Der Schlüssel liegt in der Verknüpfung unterschiedlicher Datenquellen: CRM-Daten, Webtracking, E-Mail-Engagement, Callcenter-Logs, Social-Media-Interaktionen und Feedbackkanäle werden konsolidiert und durch Machine Learning Modelle analysiert. Dabei entstehen sogenannte Micro-Segmente – also hochspezifische Kundengruppen mit ähnlichen Verhaltensmustern, Bedürfnissen oder Response-Profilen. Diese können kontinuierlich neu gebildet werden, ohne dass dafür starre Regeln notwendig wären (vgl. Twilio Segment, 2024; Adobe, 2025d).

Ein Beispiel aus der Versicherungsbranche zeigt, wie dies in der Praxis funktioniert: Eine große Krankenkasse nutzt ein ML-Modell, das auf Basis der letzten Interaktionen erkennt, dass bestimmte Kundengruppen mit erhöhtem Interesse an digitalen Zusatzleistungen (z. B. Online-Sprechstunden, Gesundheits-Apps) gleichzeitig eine hohe Wechselbereitschaft aufweisen. Anstatt diese Kunden pauschal mit neuen Tarifangeboten zu bespielen, wird durch eine KI-basierte Segmentierung die konkrete Abschlusswahrscheinlichkeit für jedes Angebot individuell berechnet. Erst wenn ein Schwellenwert überschritten wird, wird der Kunde über einen Conversational Agent aktiv angesprochen (vgl. Google Cloud, 2024c; Salesforce, 2024a).

Und genau an diesem Punkt kommt Conversational KI ins Spiel – als Brücke zwischen analytischer Erkenntnis und kundenrelevanter Interaktion. Während klassische Systeme auf vordefinierte Kommunikationspfade angewiesen sind, agieren moderne KI-Assistenten adaptiv. Sie erkennen die Tonalität, Absicht und Informationslage eines Nutzers in Echtzeit und passen ihren Dialog entsprechend an. So kann ein Voicebot beispielsweise nicht nur Tarifoptionen aufzählen, sondern proaktiv Rückfragen stellen, Einwände identifizieren und sogar zusätzliche Produktvorschläge unterbreiten – kontextsensitiv, empathisch und rund um die Uhr verfügbar (vgl. IBM, 2024).

Besonders effektiv wird dieses Zusammenspiel, wenn beide Komponenten – Segmentierung und Conversational KI – über eine gemeinsame Datenplattform orchestriert werden. So kann ein Interessent, der auf einer Landingpage nach Zahnzusatzversicherungen sucht und gleichzeitig über den Chatbot nach Leistungsdetails fragt, automatisch einem High-Intent-Segment zugewiesen werden. Der Conversational Agent erhält diese Information in Echtzeit und initiiert ein Gespräch mit konkreten Empfehlungen, inklusive vorbereiteter Vertragsoptionen. Die Abschlussrate in solchen Szenarien steigt deutlich (vgl. Adobe, 2025d; Salesforce, 2024a).

Ein zentraler Vorteil liegt in der Geschwindigkeit. Wo menschliche Mitarbeiter für die Priorisierung und Ansprache mehrere Stunden benötigen würden, agiert das System in Sekundenbruchteilen. Gleichzeitig sorgt die Automatisierung dafür, dass auch Leads mit mittlerem oder niedrigem Potenzial nicht verloren gehen – sondern je nach Score in andere Nurturing-Strecken überführt oder zu einem späteren Zeitpunkt erneut bewertet werden. Diese permanente Aktualisierung macht das System nicht nur effizient, sondern auch fair: Jeder Kunde erhält den für ihn passenden Dialog zur richtigen Zeit (vgl. Salesforce, 2024b; IBM, 2023).

Auch die Skalierbarkeit ist ein entscheidendes Argument für Unternehmen: Während klassische Segmentierungen und persönliche Interaktionen bei großen Zielgruppen schnell an Grenzen stoßen, kann eine cloudbasierte Conversational-KI-Architektur hunderte oder tausende Interaktionen parallel führen – ohne Qualitätsverlust. Gerade in saisonalen Peaks, etwa bei Produktlaunches oder Vertragswechselphasen, ist dies ein signifikanter Wettbewerbsvorteil (vgl. Google Cloud, 2024c).

Ein weiterer Aspekt ist die Transparenz: Moderne Systeme liefern nicht nur Ergebnisse, sondern begründen auch, warum ein Kunde in eine bestimmte Prioritätsklasse eingeordnet wurde. Durch sogenannte Explainable AI (XAI) Ansätze wird nachvollziehbar, welche Merkmale und Interaktionen den Score beeinflusst haben – eine wichtige Voraussetzung für Compliance, Kundenvertrauen und interne Akzeptanz (vgl. IBM, 2023).

Die Kombination aus KI-gestützter Kundensegmentierung und Conversational KI ermöglicht eine neue Qualität in der Kundenansprache – individuell, skalierbar, effizient. Sie priorisiert nicht nur Abschlusswahrscheinlichkeiten präziser, sondern übersetzt diese Erkenntnisse direkt in Interaktion. Unternehmen, die dieses Zusammenspiel systematisch nutzen, schaffen einen intelligenten Kundendialog, der zugleich wirtschaftlich und kundenzentriert ist – ein echter Baustein für den modernen Arbeitsplatz im Marketing (vgl. McKinsey & Company, 2025).

3.7 Modul 7: Intelligente Vorhersagen

Vorhersagen galten im Marketing lange als Domäne der Intuition – gespeist aus Erfahrung, Bauchgefühl und retrospektiven Reports. Doch mit der digitalen Transformation und der exponentiell wachsenden Datenverfügbarkeit hat sich dieses Paradigma grundlegend verschoben. Predictive Analytics – also die Fähigkeit, zukünftiges Verhalten, Bedürfnisse oder Ereignisse mit hoher Wahrscheinlichkeit auf Basis historischer und aktueller Daten zu prognostizieren – ist heute ein strategischer Eckpfeiler datengetriebener Marketingarchitekturen. KI-gestützte Systeme liefern dabei nicht nur Geschwindigkeit und Skalierbarkeit, sondern vor allem eines: kontextsensitive Relevanz. Denn eine Vorhersage entfaltet erst dann ihren vollen Wert, wenn sie personalisierte Entscheidungen ermöglicht – zum richtigen Zeitpunkt, im passenden Kanal, mit wirkungsvollem Inhalt.

Neben der reinen Wahrscheinlichkeitsprognose rückt zunehmend die differenzierende Präzision in den Fokus: Statt aggregierter Durchschnittswerte treten individuelle Kundenprofile, für die modellgestützte Entscheidungen nicht nur auf Basis des „Was", sondern auch des „Wann" und „Wie" getroffen werden. Diese granularen Mikroprognosen ermöglichen es Unternehmen, spezifische Touchpoints zu identifizieren und Handlungsempfehlungen dynamisch zu orchestrieren – adaptiv entlang der Customer Journey (vgl. Andezion, 2024).

Das zugrunde liegende Prinzip ist klar strukturiert: Ein Algorithmus erkennt Muster in zurückliegenden Daten, kombiniert diese mit aktuellen Signalen und extrapoliert daraus wahrscheinliche Entwicklungen. Im Marketingkontext kann dies die Prognose von Kaufwahrscheinlichkeiten, Kündigungsrisiken, E-Mail-Öffnungsraten oder Reaktionen auf Preisveränderungen umfassen. Während klassische Modelle häufig linearen Regressionslogiken folgen, setzen moderne Systeme auf tiefere Lernverfahren: neuronale Netzwerke, Ensemble-Methoden oder Transformer-Architekturen identifizieren auch nichtlineare, latente Muster – etwa saisonale Abweichungen oder verhaltensbedingte Brüche durch externe Einflüsse.

Ein praktisches Beispiel verdeutlicht das Potenzial: Ein Finanzdienstleister analysiert Transaktionsverläufe, Kundenportalnutzung und Chatprotokolle. Die KI erkennt ein Cluster von Nutzer, die regelmäßig Kontostände prüfen, sich über Kreditprodukte informieren, jedoch keine Aktionen auslösen. Das System prognostiziert eine hohe Abschlusswahrscheinlichkeit und initiiert automatisiert ein personalisiertes Beratungsangebot – exakt auf dem bevorzugten Kanal der Nutzer. Diese Form der handlungsorientierten Prognostik transformiert nicht nur Conversion Rates, sondern verstärkt nachhaltig die Kundenbindung.

Im Retail-Bereich nutzen Händler Predictive Analytics zur dynamischen Lageroptimierung: Ein Modeanbieter prognostiziert Nachfragevolumina für saisonale Produkte auf Basis regionaler Wetterdaten, Kaufverhalten und Rücksendemustern – mit dem Ergebnis einer reduzierten Überlagerung und gesteigerter Verfügbarkeit. Ergänzend lässt sich dieses Prinzip auch kanalstrategisch skalieren: Durch die Kombination aus historischer Kaufhistorie, externen Stimuli und Reaktionsverhalten auf spezifische Kanäle prognostizieren KI-Systeme nicht nur, was Kund:innen präferieren, sondern auch, über welchen Kanal, zu welcher Zeit und in welcher Tonalität eine Interaktion maximale Resonanz erzeugt. So konnte ein Modeunternehmen seine Umsätze um 22 % steigern, während die Marketingkosten um 18 % sanken – bei gleichzeitig erhöhter Relevanzwahrnehmung der Ausspielungen (vgl. Andezion, 2024).

In der Fertigungsindustrie zeigt Bosch, wie Produktionsdaten, Qualitätskennzahlen und Wartungshistorien kombiniert werden können, um Produktionsfehler frühzeitig zu antizipieren und Nacharbeitsquoten signifikant zu senken – ein entscheidender Effizienzhebel in der Serienfertigung (vgl. Bosch Connected Industry, 2024). Auch im Automotive-Bereich etabliert sich Predictive Analytics als Differenzierungsfaktor: OEMs prognostizieren Kundenpräferenzen auf Basis von Telematikdaten, Werkstattbesuchen und Connected-Car-Interaktionen, um gezielt After-Sales-Angebote und Fahrzeugupgrades auszuspielen. Auch im Automobilhandel etabliert sich Predictive Analytics als Instrument zur Verkaufsprognose: Ein internationaler Fahrzeughändler analysiert Lead-Verläufe, Standortdaten und Konfigurationsmuster, um Verkaufschancen pro Modellvariante präzise zu prognostizieren – mit direkter Rückkopplung an Lagerdisposition und Preisstrategie.

Zentrale Voraussetzung für valide Prognosen ist die intelligente Integration heterogener Datenquellen. Strukturierte Informationen aus CRM- oder ERP-Systemen und unstrukturierte Daten wie Textinhalte, Sprachprotokolle oder Clickstreams müssen auf einer skalierbaren Plattform konsolidiert und kontextualisiert werden. Moderne Cloud-Umgebungen – etwa Microsoft Azure oder Google Cloud – stellen dafür modulare Architekturen bereit, inklusive integrierter KI-Services, die eine kontinuierliche Modelloptimierung auf produktiven Datensätzen ermöglichen (vgl. Google Cloud, 2024c). Über APIs und Echtzeitschnittstellen lassen sich Prognosen nicht nur ableiten, sondern direkt operationalisieren – in Kampagnenlogiken, Kundenkommunikation oder Servicestrecken.

Die Einbindung generativer KI erweitert diese Modelle um eine neue Dimension: Während Predictive Engines vorhersagen, was wahrscheinlich eintreten wird, liefern Large Language Models wie GPT-4 Vorschläge, wie darauf optimal zu reagieren ist – etwa durch automatisch generierte Nachrichten, dynamische Landingpages oder maßgeschneiderte Handlungsempfehlungen. Diese Kombination aus analytischer Prognose und kreativer Umsetzung etabliert eine neue Qualität der automatisierten Personalisierung.

Ein Anwendungsbeispiel aus dem E-Commerce unterstreicht die Wirkung: Ein Onlinehändler analysiert Warenkorbdaten, Browsingmuster und Retourenverhalten. Das Modell prognostiziert, dass eine bestimmte Kundengruppe besonders empfänglich für Modekombinationsempfehlungen ist – allerdings nur, wenn diese morgens vor 10 Uhr im mobilen Format ausgespielt werden. Die Folge: Individuell generierte Produktempfehlungen werden kanaladaptiert und kontextsensitiv in Echtzeit bereitgestellt – mit messbarem Effekt auf Klickrate, Conversion und Streuverlust.

Ein häufig unterschätzter Aspekt ist die Priorisierung: Predictive Analytics ermöglicht es, Ressourcen dort zu fokussieren, wo der potenzielle Impact am höchsten ist. So lassen sich etwa Hot-Leads gezielt über persönliche Kontakte aktivieren, während andere systematisch in Nurturing-Strecken überführt werden. Auch Churn-Modelle gewinnen an Relevanz: Nutzer mit erhöhter Abwanderungswahrscheinlichkeit können durch exklusive Anreize proaktiv adressiert werden. Erweitert durch Explainable AI (XAI) wird zudem nachvollziehbar, auf welchen Merkmalen eine Prognose basiert – ein essenzielles Element für Governance, Vertrauen und regulatorische Konformität.

Dabei ist Datenschutz essenzieller Bestandteil jeder Vorhersagelogik. Der DSGVO zufolge müssen personenbezogene Daten zweckgebunden, transparent und rechtskonform verarbeitet werden (vgl. Europäische Kommission, 2024). Predictive-Modelle dürfen keine diskriminierenden Effekte entfalten, müssen erklärbar bleiben und den Betroffenen Rechte auf Information, Widerspruch und Löschung einräumen. Der EU AI Act verschärft diese Anforderungen: Für KI-Systeme mit hohem Risiko – darunter fallen viele prädiktive Modelle im Marketing – gelten erweiterte Dokumentationspflichten, Risikoanalysen sowie

Verpflichtungen zu menschlicher Kontrolle und Fairness (vgl. Europäische Kommission, 2025).

Die Implementierung solcher Systeme ist dank Low-Code-Plattformen, vortrainierter Modelle und promptbasierter Strategien heute kein Großprojekt mehr. Auch Unternehmen ohne dedizierte Data-Science-Teams können produktive Use Cases initiieren. Entscheidend ist ein iteratives Vorgehen: Beginn mit klar definierten Zielvariablen, Validierung über A/B-Tests und kontinuierliche Optimierung durch Feedback-Loops. Der Time-to-Value reduziert sich so von Monaten auf wenige Wochen – insbesondere bei Integration in bestehende CRM- oder Marketing-Ökosysteme (vgl. Deloitte, 2023a).

3.8   Modul 8: Smarte Kaufabwicklung

Innerhalb der Consideration-Phase der Customer Journey treten potenzielle Kunden in eine aktive Bewertungs- und Vergleichssituation ein. Für Entscheider in Unternehmen bedeutet dies, Angebote nach Wirtschaftlichkeit, Effizienzpotenzial und strategischer Passung zu analysieren. Der intelligente Marketingarbeitsplatz greift hier mit KI-basierten Funktionen gezielt ein: Er erkennt Nutzersignale, personalisiert Inhalte dynamisch und qualifiziert Leads in Echtzeit. Entscheidungsprozesse werden dadurch beschleunigt, präzisiert und skalierbar orchestriert (vgl. McKinsey & Company, 2025c)

Ein führender europäischer Anbieter globaler Logistiklösungen hat dieses Potenzial konsequent genutzt: Mithilfe generativer KI erstellt er automatisiert Entscheidungsvorlagen für unterschiedliche Stakeholder, wie für Supply-Chain-Verantwortliche, Einkaufsleiter oder CFOs. Grundlage sind strukturierte Prompts, beispielsweise: „Erstelle ein ROI-Briefing für Supply Chain Manager im Automotive-Sektor mit Fokus auf Kosteneinsparungen durch optimierte Routenplanung und KI-gestützte Lagerverwaltung." Die KI generiert daraus automatisch individualisierte Präsentationen, One-Pager oder E-Mail-Sequenzen. Diese Inhalte werden direkt im CRM-System bereitgestellt und stehen dem Vertrieb sofort zur Verfügung. Das Ergebnis: verkürzte Vertriebszyklen bei gleichzeitig höherer Abschlussquote – durch jederzeit verfügbare, hochrelevante Verkaufsargumente (vgl. Mircosoft, 2024).

Die zunehmende Bedeutung von KI in der Consideration-Phase zeigt sich auch in anderen Branchen, die als digitale Vorreiter gelten. So personalisieren Banken zunehmend ihre Interaktionen durch KI-gestützte Produktempfehlungen, maßgeschneiderte Anlagevorschläge und automatisierte Vergleichsrechnungen. Klicks auf Inhalte zu Hypotheken- oder Altersvorsorgeprodukten werden in Echtzeit als starkes Signal für Kaufabsicht gewertet und lösen entsprechende Kampagnen aus (vgl. Itransition, 2024; Bobsguide, 2025; ResearchGate, 2024; Coveo, 2023).

Im E-Commerce und Einzelhandel analysieren KI-Systeme Klickmuster, Warenkorbbewegungen und Scrolltiefe, um Produktempfehlungen zu personalisieren und dynamische Inhalte wie Produktvideos oder interaktive Guides auszuspielen. Dabei wird in Sekunden entschieden, welcher Artikel für welchen Kunden im Vergleich am wahrscheinlichsten relevant ist (vgl. Idomoo, 2025; Bloomreach, 2025; SuperAGI, 2025c).

Auch B2B-Technologieanbieter setzen zunehmend auf diese Mechanismen: Erkennt eine KI, dass ein IT-Leiter technische Spezifikationen zu Cloud-Infrastruktur vergleicht, liefert sie im richtigen Moment tiefere technische Whitepaper oder Case Studies in einem für die Zielrolle optimierten Format aus – häufig über Chatbots oder automatisierte Microsites (vgl. CrewAI, 2024).

Die Benchmarks machen deutlich: Die Wettbewerbsdynamik verschiebt sich hin zu datengetriebener Hyper-Personalisierung. Wer in der Consideration-Phase mit hochrelevanter, kontextsensitiver Information überzeugt, steigert Abschlusswahrscheinlichkeit und Customer Experience gleichermaßen.

Für Logistik- und Transportanbieter heißt dies bespielsweise: Die Kundenerwartung wird zunehmend durch digitale Best Practices anderer Branchen geprägt – und damit auch der Maßstab, an dem sie sich messen lassen müssen (vgl. McKinsey & Company, 2025c).

Intent Detection identifiziert anhand semantischer Muster die aktuelle Phase im Entscheidungsprozess – von der Recherche bis zur Kaufabsicht – und ermöglicht eine punktgenaue inhaltliche Ansprache (vgl. Salesforce, 2025d).

Prompt-basierte Content-Erstellung generiert kontextrelevante Inhalte wie Whitepaper, ROI-Kalkulationen oder Präsentationen auf Basis individueller Eingaben – schnell, skalierbar und passgenau (vgl. Steinmann, 2024).

Dynamic Content Routing steuert in Echtzeit, welcher Inhalt über welchen Kanal, in welcher Form und zu welchem Zeitpunkt ausgespielt wird – abgestimmt auf Gerät, Verhalten und Zielrolle (vgl. Idomoo, 2025; Bloomreach, 2025).

Real-Time Lead Qualification bewertet das Nutzerverhalten anhand von Interaktionsdaten und priorisiert Leads dynamisch – für eine sofortige vertriebliche Reaktion (vgl. Panintelligence, 2024; Pecan AI, 2024).

Die Auswertung von Nutzersignalen erfordert dabei höchste Transparenz und Nachvollziehbarkeit. DSGVO-konforme Systeme müssen sicherstellen, dass Daten kontextgerecht verarbeitet und erklärbare Entscheidungslogiken (Explainable AI) eingesetzt werden – insbesondere bei Lead-Priorisierung und dynamischer Content-Ausspielung. McKinsey & Company (vgl. 2025c, 2025d) betont, dass neben technologischen Investitionen auch Governance, Schulung und ethische

Leitlinien essenziell sind. Die Integration ethischer Standards ist damit nicht nur regulatorische Pflicht, sondern strategische Voraussetzung für nachhaltigen Markterfolg.

3.9   Modul 9: Entscheidungsintelligenz

Im intelligenten Marketingarbeitsplatz sind Technologien wie Customer Data Platforms (CDP), Digital Experience Platforms (DXP), Content Management Systeme (CMS) und KI-gestützte Marketing Automation nicht als isolierte Tools zu verstehen, sondern als orchestrierte Komponenten einer vernetzten Erlebnisarchitektur. Diese technologische Integration bildet die Grundlage für eine KI-gestützte Entscheidungsintelligenz, die datengetriebene Angebotsoptimierung entlang der Decision-Phase der Customer Journey ermöglicht – von der Analyse über die Prognose bis zur personalisierten Ausspielung.

Die Decision-Phase stellt das sogenannte „Conversion Trigger Window" dar – den Moment, in dem die Kaufentscheidung konkretisiert wird. KI-Systeme agieren hier als Taktgeber, die durch prädiktive Modelle und Echtzeitreaktionen die Abschlusswahrscheinlichkeit maximieren. Die vorgelagerte Consideration-Phase liefert die Signale, die in der Decision-Phase durch KI in konkrete Aktionen überführt werden. Die Entscheidungsintelligenz basiert auf einer tiefen Integration zentraler Plattformtechnologien: CDPs liefern verhaltensbasierte Datenströme aus CRM, Webtracking und Social Media, CMS-Systeme steuern kontextuelle Inhalte, die dynamisch generiert und personalisiert werden, DXP orchestriert kanalübergreifend die Customer Journey und ermöglicht eine konsistente Nutzeransprache, während KI-gestützte Marketing Automation Daten, Content- und Entscheidungslogik in einem automatisierten Workflow verbindet (vgl. Mussawir, 2025; Microsoft, 2025c; HubSpot, 2025a).

Im Zentrum steht die prognosebasierte Relevanzbewertung durch Predictive Analytics. Maschinelles Lernen – etwa Regressionsmodelle, Random Forests und neuronale Netze (RNNs, CNNs) – analysiert Nutzerverhalten, Interaktionsmuster und externe Trigger, um Abschlusswahrscheinlichkeiten zu berechnen (vgl. Mussawir, 2025). Diese Prognosen werden durch Next-Best-Offer-Systeme operationalisiert, die historische Kaufdaten, situative Faktoren wie Tageszeit, Standort oder Markttrends berücksichtigen und personalisierte Angebote ausspielen – individuell, situativ und emotional verankert (vgl. Hutt, 2025). Closed-Loop-Feedback-Systeme integrieren Reaktionsdaten, Vertriebsfeedback und CRM-Notizen in Echtzeit und verbessern kontinuierlich die Modellqualität (vgl. Gartner, 2025b).

Die Praxis zeigt die Bandbreite der Anwendungsmöglichkeiten: In der Softwarebranche prognostizieren Clickstream-Daten und Touchpoints Abschlusswahrscheinlichkeiten und steuern personalisierte Angebotsmails. Ein Telekommunikationsanbieter nutzt NBO-Modelle, um Streaming-affine Nutzer gezielt mit Zusatzpaketen anzusprechen. Im Automobilhandel führen Konfigurator-Nutzung und Timing-Analysen zu optimierten Kontaktstrategien. Im E-Commerce werden Scrolltiefe, Click-Delay und Warenkorbabbrüche als Trigger für adaptive Angebote genutzt (vgl. Mussawir, 2025; Capgemini Research Institute 2024).

Ein zentraler Erfolgsfaktor für die Vertriebsakzeptanz ist die Erklärbarkeit der Modelle. Explainable AI (XAI) zeigt nachvollziehbar, welche Merkmale zur Prognose führten – etwa: „Mehrkanal-Interaktion + hohe E-Mail-Response + Ähnlichkeit zu bisherigen Konvertierungen = 73 % Abschlusswahrscheinlichkeit". Diese Transparenz stärkt das Vertrauen und erleichtert die Integration in Vertriebsprozesse (vgl. Mussawir, 2025).

Auch regulatorische Anforderungen sind integraler Bestandteil der Architektur. Der EU AI Act klassifiziert prädiktive Systeme zur Verhaltensprognose als „High-Risk AI". Unternehmen müssen Transparenz, Human-in-the-Loop, Risikobewertung und Datenqualität sicherstellen. DSGVO-konforme Systeme setzen auf Auditability, Fairness-Metriken und Löschbarkeit von Trainingsdaten (vgl. European Commission, 2024).

Die technologische Infrastruktur basiert auf skalierbaren Cloud-Ökosystemen. Sie ermöglichen valide Prognosen auch bei zehntausenden Leads. Generative KI ergänzt die Entscheidungsintelligenz durch automatisierte Content-Erstellung – etwa Angebotsmails, Landingpages oder Gesprächsskripte (vgl. Microsoft, 2025c; tl;dv, 2024).

3.10 Modul 10: Smarte Echtzeitinteraktion

In der Decision-Phase der Customer Journey, in der sich potenzielle Kunden unmittelbar vor einer Kaufentscheidung befinden, entscheidet nicht nur die Qualität des Angebots, sondern auch die Relevanz, Geschwindigkeit und Personalisierung der Kommunikation. Der intelligente Marketingarbeitsplatz nutzt hier KI-basierte Systeme, um sowohl das Verhalten der Nutzer zu analysieren als auch in Echtzeit darauf zu reagieren – kontextsensitiv, skalierbar und medienübergreifend.

Im Zentrum stehen KI-gestützte Nutzeranalysen, die aus digitalen Interaktionen wie Klicks, Scrolltiefe, Verweildauer, Transaktionen oder Cursorbewegungen nicht nur Aktivität, sondern Absicht extrapolieren. Moderne Systeme erfassen und analysieren diese Datenströme kontinuierlich, um Wahrscheinlichkeiten abzuleiten: Welche Inhalte sind aktuell relevant? Welche Handlungsabsicht lässt sich vermuten? Und wie lässt sich diese Erkenntnis unmittelbar in eine nächste, sinnvolle Interaktion überführen? (vgl. McKinsey & Company, 2025; Adobe, 2025b). Die technische Architektur basiert auf einem Ensemble aus behavioral Analytics, predictive Modeling und Content-Recommendation Engines. Google Cloud bietet beispielsweise Recommendation AI, die Echtzeit-Personalisierung auf Basis von Machine-Learning-Modellen ermöglicht (vgl. Google Cloud, 2024a).

Diese analytischen Erkenntnisse werden durch KI-gestützte Reaktionssysteme operationalisiert – insbesondere durch Chatbots und virtuelle Assistenten, die sich von einstigen FAQ-Bots zu intelligenten, semantisch agierenden Kommunikationsschnittstellen entwickelt haben. Dank fortgeschrittener Natural Language Processing (NLP) Verfahren und Large Language Models (LLMs) erkennen diese Systeme nicht nur Begriffe, sondern erfassen Intention, Dringlichkeit und thematische Konnotation (vgl. Aggarwal et al., 2023; Silva & Canedo, 2023). Ein Kunde, der etwa schreibt: „Ich bin umgezogen und habe Fragen zu meiner Beitragsklasse", erhält keine generische Antwort, sondern eine auf seinen Fall zugeschnittene Reaktion – inklusive Informationen zu Meldeverfahren, benötigten Unterlagen und möglichen Vertragsanpassungen.

Die Echtzeitaggregation relevanter Datenpunkte ist dabei entscheidend. KI-gestützte Assistenten konsolidieren Informationen aus CRM, Produktdatenbanken und Vertragslogiken binnen Sekunden – unter Berücksichtigung individueller Parameter wie Adresse, Vertragsdauer oder bisheriger Interaktionen (vgl. Business Insider, 2025). Ein Beispiel aus der Telekommunikation zeigt, wie ein virtueller Assistent bei einer Anfrage zum Tarifwechsel automatisch Vertragsstatus und Optionen prüft, ein personalisiertes Angebot erstellt und dieses direkt zur Buchung anbietet. Parallel wird ein CRM-Transkript generiert und für die weitere Kundenbetreuung bereitgestellt.

Auch im E-Commerce werden Verhaltensdaten wie Surfzeit, Farbauswahl, Retourenverhalten und Endgerät analysiert, um kuratierte Produktempfehlungen zu erstellen. Ergänzend sorgt NLP für semantische Personalisierung – etwa durch Hinweise auf den CO_2-Fußabdruck für nachhaltig orientierte Käufer – und steigert so die Relevanz der Inhalte in Echtzeit (vgl. BCG, 2024b). Im Servicebereich priorisieren KI-Systeme Anfragen nach Dringlichkeit und leiten bei Bedarf automatisiert weiter – ein zentraler Vorteil in Hochphasen wie Produktreleases oder Krisensituationen (vgl. Forbes, 2024).

Der eigentliche Fortschritt liegt im adaptiven Lernverhalten: Über Feedback-Loops – etwa basierend auf Klickverhalten, Conversion-Rates oder Bounce-Rates – optimieren sich Relevanz und Anzeigereihenfolge kontinuierlich. Mit

Reinforcement Learning werden Inhalte entlang von Zielmetriken wie Engagement oder Kaufwahrscheinlichkeit intelligent priorisiert (vgl. Salesforce, 2025a). Gleichzeitig lernen virtuelle Assistenten aus Nutzerfeedback und passen ihre Tonalität sowie Reaktionslogik dynamisch an – etwa durch proaktive Vorschläge wie: „Möchten Sie Ihr aktualisiertes Dokument direkt per E-Mail erhalten?" (vgl. Aggarwal et al., 2023).

Technologisch ist die Integration weitgehend standardisiert. APIs zu zentralen Systemen wie CRM, Buchungs- oder Wissensdatenbanken ermöglichen eine nahtlose Einbettung. Fortgeschrittene Architekturen nutzen multimodale Schnittstellen: Der Kunde beginnt die Interaktion per Text und setzt sie per Voice fort – beide Kanäle greifen auf dieselbe Datenbasis zu und schaffen so eine kohärente Kommunikationserfahrung (vgl. Zhang et al., 2024). Gleichzeitig sichern zertifizierte Cloud-Umgebungen wie Azure oder AWS die Einhaltung regulatorischer Vorgaben, etwa der DSGVO (vgl. Microsoft, 2023).

Besondere Wirkung entfaltet diese Form der Interaktion, wenn sie kanalübergreifend orchestriert wird. Eine einheitliche Datenlogik über Website, App, E-Mail und Social Media wird durch Customer Data Platforms (CDPs) und Echtzeit-Datenbanken ermöglicht. Anbieter wie Adobe und Salesforce bieten diese Infrastruktur als integrierte Plattformlösungen (vgl. Adobe, 2025b; Salesforce, 2025a).

3.11 Modul 11: Churn-Prediction

Retention ist ein notwendiger Schritt, um Kunden zu halten, langfristig zu binden und wirtschaftlich zu entwickeln. In einem zunehmend fragmentierten Marktumfeld, in dem Wechselbarrieren sinken und Vergleichbarkeit steigt, wird die Fähigkeit zur frühzeitigen Erkennung von Abwanderungstendenzen zum strategischen Erfolgsfaktor. Hier setzt KI-gestützte Churn-Prediction an: KI-gestützte Systeme analysieren Verhaltensdaten, Interaktionen und Feedback, um Churn-Risiken zu identifizieren und automatisiert gegenzusteuern. Dabei geht es nicht nur um Reaktion, sondern um proaktive Kundenbindung.

Die Churn-Prediction basiert auf Predictive Analytics, die Echtzeitprognosen zur Abwanderungswahrscheinlichkeit und zum Customer Lifetime Value (CLV) liefern. KI-Modelle identifizieren Muster in Transaktionshistorien, Nutzungsverhalten und qualitativen Rückmeldungen, die auf eine potenzielle Abwanderung hindeuten. Diese Erkenntnisse fließen direkt in die Gestaltung von Reaktivierungsmaßnahmen ein – etwa durch automatisierte E-Mail-Kampagnen, exklusive Serviceangebote oder Einladungen zu Community-Formaten. Die KI übernimmt dabei nicht nur die Analyse, sondern auch die Aussteuerung der Maßnahmen – etwa über automatisierte Journeys, Chatbots oder kanalübergreifende Trigger (vgl. Salesforce, 2025e; Ahnnaou et al., 2025; McKinsey & Company, 2025c).

Die Steuerung kann dabei in unterschiedlichen Modelllogiken erfolgen. Im sogenannten AI-centric Modell trifft die KI Entscheidungen auf Basis von Echtzeitdaten, ohne menschliches Zutun. Sie priorisiert Maßnahmen, wählt Kanäle und optimiert Inhalte dynamisch. Im Gegensatz dazu steht das customer-centric Modell, bei dem die KI als Assistenzsystem fungiert. Hier liefert sie datenbasierte Empfehlungen, während die finale Entscheidung beim Menschen liegt – etwa bei der Auswahl von Maßnahmen oder der Freigabe sensibler Inhalte. Beide Modelle haben ihre Berechtigung und sollten je nach Branche, Zielgruppe und ethischer Ausrichtung gewählt werden.

Wichtig ist, dass Churn-Prediction nicht als Mittel zur Manipulation verstanden wird, sondern als Werkzeug zur Verbesserung der Kundenerfahrung. Ziel ist es, Kundenbedürfnisse frühzeitig zu erkennen und respektvoll darauf zu reagieren – etwa durch relevante Inhalte, transparente Kommunikation und echte Mehrwerte. Unternehmen, die KI in der Retention-Phase ethisch und strategisch einsetzen, schaffen nicht nur wirtschaftliche Vorteile, sondern stärken auch das Vertrauen in ihre Marke.

Ein Beispiel aus der Telekommunikationsbranche zeigt, wie ein Anbieter durch KI-gestützte Retention-Maßnahmen die Abwanderungsquote um ca. 19 % senken konnte. Dabei wurden Kunden mit hohem Churn-Risiko gezielt angesprochen – nicht mit pauschalen Rabatten, sondern mit individuell relevanten Angeboten, basierend auf Nutzungsverhalten und Servicehistorie. Die Zufriedenheit stieg messbar, ebenso wie die Wiederkaufsrate.

Die Integration solcher Retention-Maßnahmen in eine übergreifende Customer Experience Architektur – etwa durch die Anbindung an CDP-, CRM- und DXP-Systeme – erhöht die Wirksamkeit zusätzlich. Gleichzeitig müssen Governance-Strukturen sicherstellen, dass alle Maßnahmen DSGVO-konform, transparent und auditierbar sind. Typische Erfolgskennzahlen wie Net Promoter Score, CLV-Veränderung oder Wiederkaufsrate dienen als objektive Messgrößen für die Effektivität der eingesetzten KI-Systeme.

3.12   Modul 12: Kundenbindungsmassnahmen

Kundentreue ist in einem Umfeld minimaler Wechselbarrieren und wachsender Auswahloptionen keine Selbstverständlichkeit mehr. Angesichts von Akquisekosten, die bis zu siebenmal höher ausfallen als Investitionen in Bestandskunden-

bindung, avanciert die Fähigkeit zur frühzeitigen Identifikation von Abwanderungs-
risiken zur strategischen Schlüsselkompetenz. Moderne, KI-gestützte Analyse-
modelle markieren hierbei einen qualitativen Sprung: Sie erkennen Churn-Gefahr
nicht mehr nur retrospektiv, sondern antizipieren sie auf Basis verhaltensbasierter
Frühindikatoren. Ziel ist es, nicht nur zu wissen, wer potenziell abwandert, sondern
vor allem warum – und mit welchen Maßnahmen dieser Prozess gezielt beeinflusst
werden kann.

Im Zentrum steht die Anwendung prädiktiver Churn-Modelle. Diese verknüpfen
historische wie aktuelle Daten – etwa Vertragsdauer, Beschwerdehäufigkeit, Inter-
aktionsrückgang, NPS-Scores oder Inanspruchnahme von Supportleistungen – mit
Echtzeitindikatoren wie App-Nutzung oder Öffnungsraten von Mitteilungen. Die
Prognosegüte liegt in der Regel bei über 80 %: Ein typisches Modell identifiziert
etwa Kunden mit abnehmender Interaktion, negativer Servicewahrnehmung und
paralleler Preisrecherche als Hochrisikosegment.

Ein konkretes Beispiel aus der Telekommunikationsbranche: Ein Nutzer loggt
sich seltener ins Kundenportal ein, verweigert Feedback und ignoriert Zusatzan-
gebote. Die KI klassifiziert ihn als abwanderungsgefährdet und initiiert automatisiert eine Rückgewinnungskampagne – etwa ein exklusives Upgrade mit prio-
risiertem Servicezugang. Reagiert der Kunde nicht, erfolgt ein automatisierter
Transfer an ein spezialisiertes Retention-Team, ergänzt durch ein präzises Risiko-
profil (vgl. BCG, 2023).

Auch in der Versicherungswirtschaft zeigt sich das Potenzial: Wenn Kunden
Zusatzbausteine kündigen oder die Beitragsfrequenz ändern, verdoppelt sich die
Churn-Wahrscheinlichkeit. Ein LLM generiert daraufhin eine inhaltlich ab-
gestimmte Nachricht – individualisiert in Tonalität und Nutzenversprechen, optional ergänzt um ein persönliches Betreuungsangebot.

Der Einzelhandel nutzt ähnliche Mechanismen zur Bindung digitaler Zielgruppen: Ein Sportartikelanbieter erkennt über App- und Kaufverhalten, dass Nutzer mit längerer Inaktivität und sinkender Warenkorbaffinität besonders gefährdet
sind. Sie erhalten automatisiert relevante Rückgewinnungsimpulse – etwa exklusive Bundle-Angebote oder Einladungen zu lokalen Events.

Auch im Maschinenbau zeigt sich ein datengetriebenes Retentionspotenzial:
Ein Hersteller analysiert Serviceinteraktionen, Wartungszyklen und
Lieferperformance. Erkenntnisse fließen in ein automatisiertes Risikoscoring ein –
mit dem Ergebnis, dass präemptiv kundenindividuelle Serviceangebote ausgelöst
werden, bevor Vertragsbeendigungen drohen. Ein führender Komponenten-
hersteller nutzt ergänzend AutoML- und Gradient-Boosting-Modelle, um Muster
zu identifizieren, die auf nachlassende Bindung hindeuten – etwa rückläufige Schu-
lungsteilnahmen oder verzögerte Reaktionen auf Angebote. Die KI übermittelt

Alerts samt Interventionsvorschlägen direkt an Vertrieb und Service. Innerhalb eines Jahres sank die Abwanderungsquote um 21 %.

Im Logistiksektor operationalisiert ein globaler Transportanbieter einen ähnlichen Mechanismus: Die KI identifiziert Kundengruppen mit wiederkehrenden Zustellproblemen und schlägt eigenständig Kompensationsstrategien wie alternative Routen oder proaktive Preisnachlässe vor. Dabei bleibt die finale Entscheidungsverantwortung beim Kundenberater, der auf ein aggregiertes Risikosignal-Dashboard zurückgreifen kann. Die Kombination aus Automatisierung und menschlicher Urteilskraft führte zu einer Churn-Reduktion von 17 %.

Zur wirksamen Risikoprävention empfiehlt sich ein mehrstufiger Maßnahmenplan:

- Semantische Analyse von Freitexten (z. B. Supporttickets, Bewertungen), um emotionale Frühindikatoren zu erfassen.
- Triggerbasierte Interaktionsmodelle, die automatisch auf relevante Verhaltensmuster reagieren (z. B. Inaktivität >30 Tage)
- Kanaladäquate Rückgewinnungsstrecken – differenziert nach Digitalaffinität, Historie und Kundenwert.
- Dynamic Benefit Management, bei dem Incentives basierend auf Churn-Risiko, Lifetime Value und Produktmarge personalisiert werden.
- Integration von XAI-Mechanismen, die Vertrieb und Service eine transparente Argumentationsbasis für Maßnahmen liefern.

Technisch sind solche Systeme heute tief in CRM- und CDP-Plattformen integriert, wie Salesforce, HubSpot, Microsoft Dynamics365 oder SAP Customer Data Cloud. Durch bidirektionale Schnittstellen können sowohl Datenflüsse als auch Responseaktionen in Echtzeit orchestriert werden.

Ein weiterer Mehrwert ergibt sich aus der kontinuierlichen Selbstoptimierung: Jede Reaktion – Kündigung, Verbleib oder Rückgewinnung – fließt zurück ins Modell und erhöht dessen Prognosegenauigkeit. Explainable AI (XAI) sorgt für interne und externe Nachvollziehbarkeit: Welche Merkmale führten zur Risikoeinstufung? Welche Gegenmaßnahmen wurden ausgelöst? Die daraus entstehende Transparenz stärkt das Vertrauen aller Stakeholder – von der Compliance bis zum Kundenservice.

Diese Entwicklungen markieren auch einen Paradigmenwechsel im Rollenverständnis zwischen Mensch und Maschine: In AI-centric Modellen übernimmt die KI aktive Entscheidungsrollen – sie priorisiert Kunden, schlägt Maßnahmen vor und setzt diese automatisiert um. In customer-centric Modellen hingegen bleibt der Mensch Steuerungsinstanz; die KI liefert fundierte Entscheidungsgrundlagen, die empathisch interpretiert und dialogisch umgesetzt werden. Studien belegen: Unternehmen, die diesen Dualismus gezielt ausgestalten und intent-basierte KI-Erlebnisse schaffen, erzielen signifikant höhere Kundenbindung und Markenloyalität (vgl. Capgemini Research Institute, 2024).

Auch regulatorisch gewinnen diese Systeme an Relevanz. Laut DSGVO (Art. 22) ist bei automatisierten Entscheidungen mit rechtlicher Wirkung der Mensch zwingend einzubinden – sogenannte „human-in-the-loop"-Modelle sind Pflicht. Der EU AI Act (2024) klassifiziert prädiktive Churn-Systeme mit hohem Risiko als „High-Risk AI" – verbunden mit Transparenz-, Dokumentations- und Fairnessauflagen (vgl. European Commission, 2024). Unternehmen sind gefordert, klare Governance-Prozesse für Datenethik, Auditierbarkeit und Modellrobustheit zu etablieren.

3.13   Modul 13. Community-Intelligenz & Social Listening

Kunden werden zu Fürsprechern, gestalten Marken aktiv mit und beeinflussen durch positive Erfahrungen sowohl Kaufentscheidungen anderer als auch Innovationsprozesse im Unternehmen. Zwei komplementäre Bausteine prägen diese Phase: digitale Kunden-Communities als organisierte Interaktionsplattformen und KI-gestütztes Social Listening als Sensorium für die öffentliche Wahrnehmung. Zusammen entfalten sie eine ganzheitliche Sicht auf Loyalität, Co-Creation und Reputation.

Customer Communities – Co-Creation und Bindung

Kunden-Communities entwickeln sich im B2B- und B2C-Kontext zu einem strategischen Instrument der nachhaltigen Kundenbindung und Wertschöpfung. Sie sind nicht länger reine Support-Foren, sondern datengetriebene Plattformen, in denen Co-Creation, Peer-to-Peer-Support und Markenloyalität aktiv gefördert werden. KI-Technologien erweitern das Community-Management entscheidend:

- Natural Language Processing (NLP) analysiert Diskussionen, Supportanfragen und Feedback (Olivieri, 2025b).
- Engagement Scoring bewertet Aktivität, Relevanz und Einfluss einzelner Mitglieder.
- Agentic AI übernimmt Moderation und Reaktivierung von Beiträgen, wodurch Communities kontinuierlich lebendig bleiben.

- Prompt-basierte Content-Erstellung liefert FAQ-Texte, Moderationshinweise oder Anleitungen in Echtzeit.
- CLV-Scoring identifiziert wertvolle Mitglieder mit Upselling-Potenzial (McKinsey & Company, 2025b, 2025c).

Praxisbeispiele unterstreichen den Wert KI-basierter Unterstützung: Ein Automatisierungsanbieter steigerte durch eine geschlossene OEM-Community nicht nur den Net Promoter Score (NPS), sondern verlängerte nachweislich die Kundenbeziehungen. Die KI analysierte relevante Diskussionen, priorisierte Verbesserungsvorschläge und belohnte aktive Nutzer automatisiert mit Badges und exklusiven Inhalten. Forbes (2022) zeigt zudem, dass engagierte Community-Mitglieder innovationsfreudiger sind und signifikant häufiger Upselling-Angebote annehmen.

Im intelligenten Marketingarbeitsplatz sind Communities eng mit CRM, CDP und DXP verzahnt. Sie liefern qualitative Insights, die für Segmentierung, Kampagnensteuerung und personalisierte Ansprache genutzt werden. Während KI-Analyse, Moderation und Content-Erstellung automatisiert, bleibt der Mensch als Community-Architekt zentral für Strategie, Ethik und Beziehungspflege (Olivieri, 2025a). Damit wird die Community zu einem zentralen Knotenpunkt der Advocacy-Phase.

Social Listening – Stimme des Marktes und Stimmungsradar

Im Gegensatz zu Communities, die primär interne Räume darstellen, eröffnet Social Listening die Außenperspektive auf den Markt. Hier äußern sich Kunden öffentlich – in sozialen Medien, Foren, Bewertungsportalen oder Blogs – oft spontan, emotional und ungefiltert. Das Volumen und die Heterogenität dieser Datenmengen machen KI-gestützte Analyse unverzichtbar. Dabei kommen zentrale Technologien zum Einsatz:

- NLP & semantische Analyse: Erfassen Kontexte, erkennen Ironie, kulturelle Eigenheiten oder Sarkasmus (Google Cloud, 2024b).
- Sentiment-Analyse: Klassifiziert Aussagen als positiv, neutral oder negativ, auch in subtilen Mischformen (Sprout Social, 2024).
- Multimodale Analyse: Tools wie Talkwalker, Brandwatch oder Hootsuite untersuchen Bilder, Videos und Audio parallel zu Texten (Hootsuite, 2025).
- Conversational AI: Systeme wie Einstein GPT oder Azure OpenAI ermöglichen unmittelbare Rückmeldungen, kanaladaptiert und empathisch.

Praxisbeispiele zeigen die strategische Relevanz: Ein internationaler Logistik-konzern erkannte durch Social Listening Unzufriedenheit mit der CO_2-Bilanz bestimmter Routen und reagierte mit einer Kampagne zu emissionsarmen Transport-optionen – mit positiven Effekten auf Kundenbindung und Lead-Generierung.

Eine Hotelkette identifizierte wiederkehrende Beschwerden zu Frühstücks-zeiten und WLAN-Stabilität. Gleichzeitig stieg die Erwähnung von #greenhospitality. Die Reaktion: Anpassung des Service und gezielte Kommunikation zu Nachhaltigkeit.

Ein Gesundheitsverbund stellte fest, dass Patienten in Foren regelmäßig „Ungewissheit" in Zusammenhang mit Diagnostik erwähnten. Als Reaktion wurde ein proaktiver Informationsservice eingeführt – unterstützt durch empathische generative KI.

Die Integration in operative Systeme macht Social Listening zu einem Früh-warnsystem: Negative Erwähnungen erzeugen automatisch Support-Tickets, Trends fließen in Innovationsbriefings ein, positive Erwähnungen führen zu perso-nalisierten Dankesbotschaften. Gleichzeitig erfordert dies strikte Einhaltung von DSGVO und EU AI Act-Regelungen, da personenbezogene Daten mit Transparenz und Fairness verarbeitet werden müssen (vgl. European Commission, 2024).

Verzahnung und Integration – KI als Brücke

Der eigentliche Mehrwert entsteht, wenn Communities und Social Listening ver-zahnt werden. Beide Systeme liefern unterschiedliche, aber sich ergänzende Pers-pektiven:

Communities = gesteuerte Räume für Interaktion und Co-Creation.

Social Listening = Sensorium für externe Wahrnehmung, Risiken und Trends.

KI schafft die Brücke zwischen beiden: Real-Time Dashboards verbinden interne Diskussionen mit externen Social Signals, Engagement-Scoring und CLV-Prognosen priorisieren relevante Stimmen, und Generative AI liefert adaptive Inhalte für Kommunikation und Aktivierung.

In einem AI-centric Szenario übernimmt die KI Moderation, Analyse und Content-Ausspielung weitgehend automatisiert – von der Priorisierung relevan-ter Diskussionen bis zur direkten Kundeninteraktion. Im Customer-centric Sze-nario bleibt der Mensch als Community-Architekt im Zentrum, während KI als datenbasierte Entscheidungsgrundlage fungiert (vgl. McKinsey & Company, 2025b; Olivieri, 2025a).

So wird der intelligente Marketingarbeitsplatz zur Schaltzentrale der Advocacy-Phase: Er verbindet interne Loyalität mit externer Reputation, orchestriert Daten, Emotionen und Interaktionen – und transformiert Kunden von Konsumenten zu aktiven Botschaftern.

3.14   Modul 14: Automatisierte Empfehlungsprogramme

Empfehlungen entfalten ihre volle Wirksamkeit, wenn sie nicht zufällig, sondern zielgerichtet sind – zeitlich präzise, kontextsensitiv und individuell auf das Bedürfnis des Kunden abgestimmt. In der Ära datengetriebener Kundenbeziehungen avancieren KI-basierte Empfehlungssysteme zu einem zentralen Hebel der Kundenbindung. Sie lösen sich von statischen Mustern à la „Andere kauften auch…" und entwickeln sich zu lernenden Systemen, die analysieren, antizipieren und sich kontinuierlich selbst optimieren – mit spürbarem Effekt auf Vertrauen, Zufriedenheit und Conversion-Wahrscheinlichkeit.

Im Kern arbeiten moderne Empfehlungslogiken mit einer hybriden Architektur aus kollaborativem Filtern, inhaltsbasiertem Matching und kontextualisierten Recommender-Algorithmen. Machine-Learning-Modelle verarbeiten Verhaltensmuster – Klickpfade, Warenkorbinhalte, Verweildauer, Transaktionshistorien – und kombinieren diese mit semantischen Produktdatensätzen, Nutzerfeedback und situativen Variablen wie Tageszeit oder Endgerät (vgl. TensorFlow, 2023; Mateos & Bellogín, 2024). Die Systeme sind adaptiv: Sie analysieren kontinuierlich, evaluieren die Performance ihrer Vorschläge und justieren in Echtzeit.

Ein Beispiel verdeutlicht dies: Ein Versicherungskunde nutzt regelmäßig die mobile App zur Vertragsverwaltung. Die KI erkennt ein gesteigertes Interesse an Leistungen im Ausland – etwa durch Aktivierungen in Reisegebieten und Suchverläufe zur Auslandskrankenversicherung. Das System generiert daraus eine Empfehlung für einen Zusatzbaustein – eingebettet als personalisierter Hinweis beim nächsten Login. Die Konversionsraten solcher kontextbasierten Empfehlungen liegen laut Deloitte bis zu 3,5-mal höher als bei generischen Ansätzen (vgl. Nosto, 2025).

Durch den Einsatz generativer KI gewinnen Recommender-Engines nochmals an Ausdruckskraft: Large Language Models wie GPT-4 erstellen nicht nur passende Produktempfehlungen, sondern zugleich die dazugehörigen Inhalte – zugeschnitten auf Tonalität, Nutzungsverhalten und Markenwelt. So entstehen in Sekunden individualisierte E-Mails, Landingpages oder Textbausteine, die nicht nur „was", sondern auch „wie" kommuniziert werden – ob sachlich-beratend, emotional involvierend oder nutzenorientiert (vgl. Grewal et al., 2025).

Ein konkreter Use Case im E-Commerce: Ein Kunde mit Fokus auf Outdoor-Bekleidung erhält im Oktober wetterfeste Produktvorschläge, ergänzt durch das

Cross-Selling-Potenzial „Rucksack", bislang nicht erworben. Die durch KI erstellte Mail kombiniert personalisierte Produktauswahl, einen klimabezogenen Nutzungskontext und einen zeitlich limitierten Rabattcode. Das Ergebnis: Klickraten jenseits der 22 %-Marke – deutlich über dem Branchendurchschnitt (vgl. Salesforce, 2025h).

Die Stärke liegt in der Automatisierbarkeit. KI-basierte Empfehlungslogiken laufen permanent, verarbeiten parallel Millionen von Datensätzen und skalieren personalisierte Kommunikation über alle Kanäle hinweg – ob Website-Banner, Produkt-Widgets, Mailings oder Push Notifications. Durch die Echtzeitverarbeitung werden Empfehlungen nicht nur vorbereitet, sondern exakt dann ausgespielt, wenn der Nutzer dafür empfänglich ist – etwa bei Warenkorbabbrüchen oder innerhalb einer Kündigungsstrecke (vgl. Adobe, 2025f).

Ein weiterer Mehrwert ergibt sich durch die Verzahnung mit Kundenbindungsprogrammen. So lassen sich Recommender-Systeme um Loyalty-Komponenten erweitern: etwa exklusive Vorabzugriffe für Vielkäufer oder Bonusangebote für besonders treue Kunden. Der Customer Lifetime Value (CLV) kann zusätzlich in die Empfehlungslogik einfließen – etwa zur Priorisierung von Vorschlägen für besonders wertvolle Segmente. Unternehmen berichten bei einer solchen CLV-basierten Personalisierung von bis zu 18 % höherem ROI (vgl. BCG, 2024; Adobe, 2025b).

Auch strategisch sind KI-Empfehlungssysteme relevant: Die aggregierten Daten liefern valide Erkenntnisse über Kundenbedürfnisse, Nutzungsverhalten und Präferenzverschiebungen – Insights, die in die Weiterentwicklung von Sortiment, Preismodellen und Content-Strategien einfließen.

Ergänzend hierzu zeigt der Einsatz von KI in Empfehlungssystemen für Referral-Programme ein besonderes Potenzial: Ein Hersteller von Industriekomponenten implementierte ein Empfehlungssystem, das auf Basis von Kaufverhalten, Support-Interaktionen und Community-Engagement automatisch passende Kunden für Empfehlungsaktionen auswählte. Die KI personalisierte die Ansprache, wählte den optimalen Zeitpunkt und passte die Incentives dynamisch an. Das Resultat: eine um 46 % höhere Empfehlungsrate und eine signifikante Steigerung der Leadqualität (vgl. Mention Me, 2023; impact.com, 2024).

Diese Entwicklung steht exemplarisch für den Wandel hin zu einem intelligenten Arbeitsplatz im Marketing, in dem KI nicht nur repetitive Aufgaben automatisiert, sondern auch strategische Entscheidungen vorbereitet. In einem AI-centric Modell übernimmt die KI die Steuerung des Empfehlungsprozesses – von der Zielgruppenauswahl bis zur Erfolgsmessung. In einem Customer-centric Modell hingegen bleibt der Mensch in der Rolle des Beziehungsmanagers, der durch KI-gestützte Insights gezielt aktiv wird.

3.15   Modul 15: DSGVO, AI Act & Ethik

Der intelligenter Marketingarbeitsplatz steht im Spannungsfeld von Datenschutz, Ethik und Regulierung. Er muss die komplexen Anforderungen von Datenschutz, Ethik und dem EU AI Act systematisch berücksichtigen, um rechtskonform und vertrauenswürdig agieren zu können. Diese regulatorischen und ethischen Rahmenbedingungen sind keine bloßen Compliance-Hürden, sondern zentrale Erfolgsfaktoren für die nachhaltige Akzeptanz und Wirkung von KI im Marketing. Die nachfolgende Abbildung zeigt, welche rechtlichen und ethnischen Grundlagen in den einzelnen Phasen der Customer Journey eine Rolle spielen (vgl. Abb. 3.3).

Rechtliche und ethische Grundlagen

1. Datenschutz-Grundverordnung (DSGVO)
Die DSGVO bildet das Fundament für den Schutz personenbezogener Daten in der EU und hat erhebliche Auswirkungen auf KI-gestützte Marketingprozesse. Zentrale Prinzipien wie Datenminimierung, Zweckbindung, Transparenz, Richtigkeit, Speicherbegrenzung, Integrität, Vertraulichkeit und Rechenschaftspflicht sind strikt einzuhalten (vgl. Zoho Blog, 2025). Die Verarbeitung großer Datenmengen für das Training von KI-Modellen erfordert eine rechtmäßige Grundlage und die Wahrung der Betroffenenrechte, insbesondere Auskunft, Berichtigung, Löschung und Widerspruch (vgl. Dentons, 2024; Zoho Blog, 2025).

Automatisierte Einzelentscheidungen mit rechtlicher oder erheblicher Wirkung sind laut Artikel 22 DSGVO nur unter klar definierten Voraussetzungen zulässig. Nutzer haben Anspruch auf menschliches Eingreifen und eine verständliche Erläuterung der Entscheidung (vgl. MediaLaws, 2024).

Die DSGVO stellt dabei sicher, dass personenbezogene Daten nur rechtmäßig, transparent und zweckgebunden verarbeitet werden (vgl. Pufahl & Dimmig, 2025; Esser, Kramer & von Lewinski (2024), 2024; Europäische Kommission, 2024). Daraus ergeben sich klare Pflichten:

Informationspflichten und Einwilligung: Unternehmen müssen Betroffene umfassend informieren und deren Einwilligung einholen.

Datenschutz-Folgenabschätzungen: Notwendig bei hohem Risiko für Rechte und Freiheiten natürlicher Personen.

Technische und organisatorische Sicherheit: Cloud-basierte Systeme müssen verschlüsseln und Daten in isolierten Umgebungen speichern.

Customer Journey Phase	KI-Modul	DSGVO-Querverweise	EU AI Act	Ethische Anforderungen
Awareness	Zielgruppenanalyse	Art. 6, Art. 5 (Zweckbindung), Art. 13 (Informationspflicht)	Begrenztes bis Hochrisiko	Fairness, Vermeidung von Bias, erklärbare Logik
Awareness	Lead Management	Art. 6, Art. 22 (Profiling, automatisierte Entscheidungen)	Hochrisiko möglich	Transparente Scoring-Kriterien, menschliche Kontrolle
Awareness	Content Erstellung	Art. 5, Art. 13–14 (Transparenz, Kennzeichnung)	Begrenztes Risiko	Kennzeichnungspflicht, keine Täuschung, konsistente Kommunikation
Consideration	Kundensegmentierung	Art. 6, Art. 21 (Widerspruch), Art. 5 (Rechenschaftspflicht)	Begrenztes bis Hochrisiko	Repräsentativität, diskriminierungsfreie Ansprache
Consideration	Intelligente Vorhersagen	Art. 22, Art. 15 (Profiling, Auskunft)	Hochrisiko möglich	Feedback-Optionen, Relevanzprüfung
Consideration	Smarte Kaufabwicklung	Art. 22, Art. 12–14 (automatisierte Entscheidungen)	Hochrisiko	Erklärungspflicht, menschliche Aufsicht, klare Verantwortung
Decision	Entscheidungsintelligenz	Art 6, Art 5, Art 13	Begrenztes bis Hochrisiko	Keine versteckte Manipulation, ethische Zielsetzung
		Art. 22, Art. 7 (Einwilligung), Art. 6 (Profilbildung)	Begrenztes bis Hochrisiko	Keine Überpersonalisierung, Nutzerautonomie, Erklärbarkeit
Decision	Smarte Echtzeitreaktionen	Art. 13 (Informationspflicht), Art. 21 (Widerspruchsrecht)	Begrenztes Risiko	Offenlegung KI-Interaktion, menschliche Rückfallebene
		Art. 6, Art. 9 (besondere Daten), Art. 15–21 (Betroffenenrechte)	Begrenztes bis Hochrisiko	Schutz sensibler Merkmale, Nachvollziehbarkeit
Retention	Churn Prediction	Art. 5, Art. 22, Art. 13–15	Hochrisiko möglich	Keine Benachteiligung, Transparenz bei Klassifikation
Retention	Kundenbindungsmassnahmen	Art. 6, Art. 13, Art. 21	Begrenztes Risiko	Wertschätzung, keine übermäßige Automatisierung, individuelle Relevanz
Advocacy	Community Intelligence & KI-basiertes Social Listening	Art. 6, Art. 9, Art. 14 (indirekte Datenerhebung, besondere Daten)	Begrenztes bis Hochrisiko	Schutz öffentlicher Daten, Verzicht auf heimliches Profiling, klare Zweckbindung
Advocacy	Automatisierte Empfehlungssysteme	Art. 6, Art. 5, Art. 15 (Einwilligung, Auskunft)	Begrenztes Risiko	Empfehlungen transparent, Autonomie wahren

Abb. 3.3 Abb_Module_Regulatorik_Customer-Journey-Phasen

Regelmäßige Penetrationstests: Anbieter und Implementierungspartner sichern damit die dauerhafte Einhaltung der Vorgaben.

Integrierte Datenschutzarchitektur: Eine enge Verzahnung von Datenschutz, Datensicherheit und Marketingprozessen steigert Effizienz und Anpassungsfähigkeit.

Kontinuierliche Überwachung und Anpassung der Datenschutzmaßnahmen ist unerlässlich, um auf regulatorische und technologische Veränderungen zu reagieren. Die Skalierbarkeit dieser Schutzmechanismen erlaubt zudem deren Einsatz in Service- und Vertriebsbereichen.

2. KI-Assistenten – Chancen und Risiken für die DSGVO-Compliance

Marktführende Cloud-Lösungen binden zunehmend KI-Assistenten ein, die produktivitätssteigernde Funktionen bieten, jedoch auch neue Datenschutzrisiken mit sich bringen (vgl. Stapel, 2025):

Datenqualität und -minimierung: KI benötigt oft große Datenmengen – ein potenzieller Konflikt mit dem Grundsatz der Datenminimierung.

Anonymisierung und Pseudonymisierung: KI kann unter Umständen anonymisierte Daten re-identifizieren.

Zweckbindung: Daten dürfen nur für festgelegte, legitime Zwecke genutzt werden.

Transparenz und Einwilligung: Betroffene müssen über die Verarbeitung durch KI informiert und – falls nötig – um Einwilligung gebeten werden.

Sicherheitsmaßnahmen: KI-Systeme benötigen besonders robuste Schutzmechanismen gegen Cyberangriffe.

Automatisierte Entscheidungen: Profiling und vollautomatisierte Entscheidungen müssen fair, transparent und nicht diskriminierend sein.

Mit Blick auf **KI-Assistenten** gilt: Sie erhöhen die Produktivität, bringen aber zusätzliche DSGVO-Risiken mit sich – von Datenminimierung und Zweckbindung über Transparenz/Einwilligung bis zu Sicherheit und automatisierten Entscheidungen (vgl. Stapel, 2025; Pufahl & Alte, 2022;).

Unternehmen brauchen daher eine **strategische Datenschutzplanung,** die rechtliche Compliance, technische Sicherheit und ethische Verantwortung verbindet. Die Integration von KI-Assistenten innerhalb des intelligenten Arbeitsplatzes erfolgt daher eine **strategische Datenschutzplanung,** die rechtliche Compliance, technische Sicherheit und ethische Verantwortung miteinander verzahnt. Unternehmen, die hier proaktiv handeln, schaffen nicht nur Rechtssicherheit, sondern auch nachhaltiges Vertrauen am Markt.

Ethische Prinzipien der KI-Nutzung Über gesetzliche Vorgaben hinaus sind ethische Leitlinien entscheidend für die Vertrauensbildung bei Kunden und die Vermeidung reputativer Risiken (vgl. Boral Agency, 2024; Lupo Digital, 2025): Unternehmen, die KI verantwortungsvoll einsetzen, schaffen nicht nur regulatorische Sicherheit, sondern stärken auch ihre Markenintegrität und Kundenbindung.

Fairness und Nicht-Diskriminierung KI-Systeme dürfen keine bestehenden Vorurteile aus Trainingsdaten verstärken oder diskriminierende Resultate erzeugen – etwa bei Zielgruppenansprache, Angebotsgestaltung oder Preisfindung. Algorithmische Fairness erfordert regelmäßige Audits, diversifizierte Trainingsdatensätze und Bias-Detection-Mechanismen. (vgl. AnalytixLabs, 2024; Boral Agency, 2024). Nur so lassen sich diskriminierende Muster systematisch vermeiden und inklusive Kommunikation sicherstellen.

Transparenz und Erklärbarkeit (Explainable AI, XAI) Die Wirkweise von KI-Systemen, insbesondere bei entscheidungsrelevanten Funktionen, muss nachvollziehbar sein. Nutzer müssen erkennen können, wann sie mit KI interagieren oder Inhalte KI-generiert sind (vgl. Insites, 2025; Lupo Digital, 2025).

Menschliche Aufsicht und Kontrolle Trotz Automatisierung muss jederzeit menschliche Kontrolle und Eingriffsmöglichkeit gewährleistet sein. KI darf Entscheidungen nicht autonom treffen, wenn ethische, rechtliche oder geschäftskritische Konsequenzen betroffen sind. Unternehmen benötigen klare Governance-Strukturen und Eskalationspfade, um KI-Systeme sicher und verantwortungsvoll zu betreiben (vgl. Practical Logix, 2025).

Verantwortlichkeit (Accountability) Es muss eindeutig nachvollziehbar sein, wer für Ergebnisse und mögliche Schäden durch KI-Systeme verantwortlich ist. Dies betrifft sowohl die technische Entwicklung als auch die operative Anwendung (vgl. Gartner, 2024; Practical Logix, 2025).

2. Der EU AI Act (Verordnung (EU) 2024/1689)

Der EU AI Act ist das weltweit erste umfassende Gesetz zur Regulierung von KI. Er trat am 1. August 2024 in Kraft und basiert auf einem risikobasierten Ansatz, der KI-Systeme in vier Risikoklassen unterteilt (vgl. White & Case LLP, 2025):

Unannehmbares Risiko: Verboten sind KI-Systeme, die Sicherheit, Lebensgrundlagen oder Grundrechte gefährden, etwa durch manipulative Werbung, Social Scoring oder ungesteuerte Gesichtserkennung (vgl. Insites, 2025; Zoho Blog, 2025).

Hochrisiko Systeme mit potenziell gravierenden Auswirkungen auf Gesundheit, Sicherheit oder Grundrechte, z. B. in kritischen Infrastrukturen oder beim Beschäftigtenmanagement. Für den Marketingbereich sind Systeme relevant, die individuelle Entscheidungen beeinflussen oder segmentieren (vgl. EY Switzerland, 2024; IAPP, 2024). Anforderungen: Risikobewertung, qualitativ hochwertige Daten, Dokumentation, menschliche Kontrolle und hohe Sicherheit (European Union, 2024).

Begrenztes Risiko Transparenzpflicht, z. B. wenn Nutzer mit Chatbots interagieren oder Inhalte KI-generiert sind (vgl. IHK Frankfurt a. Main, 2025).

Minimales Risiko Für viele Standard-KI-Anwendungen gelten keine spezifischen Vorschriften. Freiwillige Kodizes sind empfohlen (Europäische Kommission, 2025).

Ein besonders relevanter Aspekt ist die extraterritoriale Geltung: Der AI Act greift auch für Anbieter außerhalb der EU, sofern deren KI-Systeme in der EU genutzt werden (vgl. Future of Life Institute, 2025).

Was Sie aus diesem *essential* mitnehmen können

- KI ist künftig ein integraler Bestandteil im Marketing
- Die vielfältigen Möglichkeiten und das immense Potential von KI im Marketing wurden erläutert
- KI Assistenten werden die Art und Weise, wie Marketingmitarbeiter arbeiten, revolutionieren.
- KI bietet zahlreiche Wege, um die Effizienz zu steigern und menschliche Fehler zu minimieren.
- Darstellung eines ganzheitlichen Ansatzes: Steuerung der gesamten Customer Journey (Awareness, Consideration, Decision, Retention, Advocacy) mit spezifischen KI-Modulen.
- Die Vision und das Konzept des „Intelligenten Arbeitsplatzes im Marketing" wurde eingeführt.
- Praxisorientierte Umsetzung: Branchenbeispiele aus Logistik, Transport und Industrie zeigen konkrete Anwendungsszenarien.
- Die nahtlose Integration von KI-Lösungen in bestehende Arbeitsumgebungen erleichtert die Automatisierung von Routineaufgaben und verbessert die Zusammenarbeit und Produktivität.
- Die rechtliche & ethische Compliance wurde erläutert: Einbettung von DSGVO-, EU AI Act- und Ethikrichtlinien in alle KI-gestützten Marketingprozesse.
- Transformation & ROI: KI als „Gamechanger" durch orchestrierte Verbindung von Technologie, Datenstrategie und Compliance.

© Der/die Herausgeber bzw. der/die Autor(en), exklusiv lizenziert an
Springer Fachmedien Wiesbaden GmbH, ein Teil von Springer Nature 2026
M. Pufahl et al., *Intelligenter Arbeitsplatz im Marketing*, essentials,
https://doi.org/10.1007/978-3-658-51027-5

Literatur

Adobe. (2024a). Generative AI in adobe experience platform: A new era for customer experience. https://news.adobe.com/news/news-releases/2024/06/generative-ai-in-adobe-experience-platform.html. Zugegriffen: 1. Aug. 2025.

Adobe. (2024b). Digital trends—B2B journeys in focus. Adobe. https://business.adobe.com/content/dam/dx/us/en/resources/reports/b2b-marketing-digital-trends/2024-digital-trends-b2b-journeys-in-focus.pdf. Zugegriffen: 9. Aug. 2025.

Adobe. (2025a). Dokumentation zu adobe experience platform overview. https://experienceleague.adobe.com/docs/experience-platform.html. Zugegriffen: 26. Juli. 2025.

Adobe. (2025b). How to improve the ROI of personalization at scale (Report). https://business.adobe.com/content/dam/dx/us/en/resources/reports/personalization-at-scale-report/personalization-at-scale-report.pdf. Zugegriffen: 9. Aug. 2025.

Adobe. (2025c). Boost brand discovery in AI search with Adobe LLM Optimizer. https://business.adobe.com/blog/introducing-adobe-llm-optimizer. Zugegriffen: 1. Aug. 2025.

Adobe. (2025d). Personalisierung im benötigten Umfang im Zeitalter von KI. https://business.adobe.com/de/solutions/personalization-at-scale.html. Zugegriffen: 26. Juli. 2025.

Adobe. (2025e). Decision management | adobe journey optimizer. experience league. https://experienceleague.adobe.com/en/docs/journey-optimizer-v3/using/decisioning/offer-decisioning/offer-decisioning-landing-page. Zugegriffen: 9. Aug. 2025.

Aggarwal, S., Mehra, S., & Mitra, P. (2023). *Multi-purpose NLP chatbot: Design, methodology & conclusion.* arXiv. https://arxiv.org/abs/2310.08977. Zugegriffen: 9. Aug. 2025.

Ahnnaou, K., El Massari, H., Ait-Fathe, D., Hakim, A., & Gherabi, N. (2025). Machine learning models for customer churn prediction: Comparative study. In Advances in Intelligent Systems and Digital Applications (S. 66–73). Springer. https://link.springer.com/chapter/10.1007/978-3-031-95330-9_7. Zugegriffen: 27. Juli. 2025.

AI by Humans. (2024). The role of AI in customer segmentation with clustering. https://aibyhumans.com/blog/the-role-of-ai-in-customer-segmentation-with-clustering. Zugegriffen: 9. Aug. 2025.

Akira AI. (2024). Optimizing telecom customer retention with AI agents churn prediction. https://www.akira.ai/blog/churn-prediction-with-ai-agents. Zugegriffen: 1. Aug. 2025.

© Der/die Herausgeber bzw. der/die Autor(en), exklusiv lizenziert an
Springer Fachmedien Wiesbaden GmbH, ein Teil von Springer Nature 2026
M. Pufahl et al., *Intelligenter Arbeitsplatz im Marketing*, essentials,
https://doi.org/10.1007/978-3-658-51027-5

AnalytixLabs. (2024). Guide to ethical considerations of AI in marketing. https://medium.com/@byanalytixlabs/guide-to-ethical-considerations-of-ai-in-marketing-de55c5aede40. Zugegriffen: 1. Aug. 2025.

Andezion, A. (2024). Grundlagen der künstlichen intelligenz und anwendungsbeispiele in marketing und kundenservice. In *Wie KI das Marketing neu definiert*. https://link.springer.com/chapter/10.1007/978-3-658-44992-6_1. Zugegriffen: 23. Aug. 2025.

Arbeitsgemeinschaft Marketing. (2024). Praxiswissen marketing 1/2024: aktuelle trends und strategien im überblick. https://arbeitsgemeinschaft.marketing/praxiswissen-marketing-1-2024/. Zugegriffen: 30. Juli. 2025.

Aslam, F. (2023). The impact of artificial intelligence on chatbot technology: A study on contextual understanding and personalized responses. ResearchGate. https://www.researchgate.net/publication/373138851_The_Impact_of_Artificial_Intelligence_on_Chatbot_Technology_A_Study_on_the_Current_Advancements_and_Leading_Innovations. Zugegriffen: 9. Aug. 2025.

AspireSys. (2023). Customer segmentation in banking with ML & AI use cases. https://www.aspiresys.com/AI-banking-usecases/customer-segmentation/. Zugegriffen: 9. Aug. 2025.

Baumeister, A. (2025). KI-gestützte versicherungen: Zwischen Effizienz und ethischen Fragen. Technologie Zeitgeist. https://www.techzeitgeist.de/ki-gestuetzte-versicherungen-zwischen-effizienz-und-ethischen-fragen. Zugegriffen: 20. Aug. 2025.

BCG. (2023). How Generative AI is already transforming customer service. boston consulting group. https://web-assets.bcg.com/pdf-src/prod-live/how-generative-ai-transforms-customer-service.pdf. Zugegriffen: 9. Aug. 2025.

BCG. (2024a). Exploring the implementation of AI for personalization. https://www.bcg.com/publications/2023/exploring-the-implementation-of-ai-for-personalization. Zugegriffen: 9. Aug. 2025.

BCG. (2024b). Personalization in action. https://www.bcg.com/publications/2024/personalization-in-action. Zugegriffen: 09. Aug. 2025.

Bloomreach. (2025). How does AI improve personalized search results for ecommerce?. https://www.bloomreach.com/en/blog/ai-search-to-personalize-results. Zugegriffen: 1. Aug. 2025.

Bobsguide. (2025). The era of hyper-personalization in banking. https://www.bobsguide.com/the-era-of-hyper-personalization-in-banking/. Zugegriffen: 1. Aug. 2025.

Boral Agency. (2024). Building trust in marketing: Ethical AI practices you need to know. https://www.boralagency.com/?s=Building+Trust+in+Marketing%3A+Ethical+AI+Practices+You+Need+to+Know. Zugegriffen: 31. Juli. 2025.

Bosch Connected Industry. (2024). Predictive maintenance and customer retention. bosch insights, https://www.bosch-connected-industry.com/de/en/iiot-insights/maintenance-4-0, Zugegriffen: 23. Aug. 2025.

Business Insider. (2025). Inside the AI boom that's transforming how consultants work. Business Insider. https://www.businessinsider.com/consulting-ai-mckinsey-bcg-deloitte-pwc-kpmg-chatbots-ai-tools-2025-4. Zugegriffen: 9. Aug. 2025.

Capgemini Research Institute. (2024). The art of customer-centric artificial intelligence. https://www.capgemini.com/insights/research-library/the-art-of-customer-centric-artificial-intelligence/. Zugegriffen: 26. Juli. 2025.

Capgemini Research Institute. (2025). Rise of agentic AI:How trust is the key to human-AI collaboration. https://www.capgemini.com/insights/research-library/ai-agents/. Zugegriffen: 30. Juli. 2025.

Coveo. (2023). Why AI Is needed for the shift in retail banking customer journey mapping. https://www.coveo.com/blog/customer-journey-map-for-banking-using-ai/. Zugegriffen: 1. Aug. 2025.

CrewAI. (2024). Use Cases. https://www.crewai.com/use-cases. Zugegriffen: 1. Aug. 2025.

CRM Copilot. (2025). How AI scores leads in real time. https://crmcopilot.ai/how-ai-scores-leads-in-real-time/. Zugegriffen: 9. Aug. 2025.

defacto GmbH. (n.d.). Künstliche intelligenz im kundenmanagement: Wie KI die customer experience verändert. https://www.defacto.de/de/ki-kundenmanagement. Zugegriffen: 26. Jul. 2025.

Deloitte Digital. (2025). Customer experience personalization strategy. https://www.deloitte-digital.com/us/en/insights/research/customer-experience-personalization-strategy.html. Zugegriffen: 9. Aug. 2025.

Dynamics Solution (2025). The Future is now: Drive growth and marketing excellence with Copilot. https://dynamicssolution.com/the-future-is-now-drive-growth-and-marketing-excellence-with-copilot/. Zugegriffen: 1. Aug. 2025.

Eßer, M., Kramer, P., & von Lewinski, K. (2024). DSGVO/GDSG-Kommentar. https://www.bvdnet.de/de/bvd-news/bvd-news-fruehjahr-2024/dsgvo-gdsg-kommentar/. Zugegriffen: 26. Aug. 2025.

Europäische Kommission. (2025). KI-Gesetz. https://digital-strategy.ec.europa.eu/de/policies/regulatory-framework-ai. Zugegriffen: 31. Juli. 2025.

Europäische Union. (2016). Verordnung (EU) 2016/679 des europäischen parlaments und des Rates vom 27. April 2016 zum schutz natürlicher personen bei der verarbeitung personenbezogener daten, zum freien datenverkehr und zur aufhebung der richtlinie 95/46/EG (Datenschutz-Grundverordnung). Amtsblatt der Europäischen Union, L 119, 1–88. https://eur-lex.europa.eu/legal-content/DE/TXT/?uri=CELEX:32016R0679. Zugegriffen: 26. Aug. 2025.

European Council. (2024). Artificial Intelligence Act: Council gives final green light to the world's first comprehensive law on AI. https://www.consilium.europa.eu/en/press/press-releases/2024/05/21/artificial-intelligence-ai-act-council-gives-final-green-light-to-the-first-worldwide-rules-on-ai/. Zugegriffen: 1. Aug. 2025.

EY Switzerland. (2024). The EU AI Act: What it means for your business. https://www.ey.com/en_ch/insights/forensic-integrity-services/the-eu-ai-act-what-it-means-for-your-business. Zugegriffen: 1. Aug. 2025.

Forbes. (2022). How AI can help deal With customer churn. https://www.forbes.com/councils/forbestechcouncil/2022/09/13/how-ai-can-help-deal-with-customer-churn/. Zugegriffen: 27. Juli. 2025.

Forbes. (2024). More than chatbots: AI trends driving conversational experiences for customers. Forbes. https://www.forbes.com/councils/forbesbusinesscouncil/2024/03/15/more-than-chatbots-ai-trends-driving-conversational-experiences-for-customers/. Zugegriffen: 9. Aug. 2025.

Forrester. (2025). Learn from natural language processing use cases to build your projects in production. https://www.forrester.com/blogs/learn-from-natural-language-processing-use-cases-to-build-your-projects-in-production/. Zugegriffen: 9. Aug. 2025.

Future of Life Institute. (2025). The EU Artificial Intelligence Act. Up-to-date developments and analyses of the EU AI Act. https://artificialintelligenceact.eu/. Zugegriffen: 31. Juli. 2025.

Gaczek, P., Leszczyński, G., Wei, Y.., & Sun, H. (2025). The bright side of AI in marketing decisions: Collaboration with algorithms prevents managers from violating ethical norms. *Journal of Business Ethics*.10.1007/s10551-025-06083-w. Zugegriffen: 26. Juli. 2025.

Gartner Peer Insights. (2025). What are digital experience platforms? https://www.gartner.com/reviews/market/digital-experience-platforms. Zugegriffen: 30. Juli. 2025.

Gartner. (2024). AI ethics rely on governance to enable faster AI Adoption.https://www.gartner.com/en/articles/ai-ethics. Zugegriffen: 31. Juli. 2025.

Gartner. (2025a). From productivity to impact: Unlocking the true potential of AI in marketing. https://www.gartner.com/en/newsroom/press-releases/2025-05-13-from-productivity-to-impact-unlocking-the-true-potential-of-ai-in-marketing. Zugegriffen: 26. Juli. 2025.

Gartner. (2025b). Best digital experience platforms reviews 2025. https://www.gartner.com/reviews/market/digital-experience-platforms. Zugegriffen: 26. Juli. 2025.

Gartner. (2025c) Top 5 customer service trends and priorities that matter most in 2025. https://www.gartner.com/en/customer-service-support/insights/service-leaders-priorities. Zugegriffen: 1. Aug. 2025.

Google Cloud. (2022). Recommendations AI | google cloud. https://cloud.google.com/use-cases/recommendations. Zugegriffen: 9. Aug. 2025.

Google Cloud. (2024a). Leitlinien für die Entwicklung hochwertiger prädiktiver ML-Lösungen. https://cloud.google.com/architecture/guidelines-for-developing-high-quality-ml-solutions?hl=de. Zugegriffen: 26. Aug. 2025.

Google Cloud. (2024b). Grundlagen der natural language API. https://cloud.google.com/natural-language/docs/basics?utm_source=chatgpt.com&hl=de. Zugegriffen: 26. Aug. 2025.

Google Cloud. (2024c). Transforming the contact center with generative AI. Google Cloud Blog. https://cloud.google.com/blog/topics/telecommunications/how-generative-ai-can-be-used-in-the-contact-center. Zugegriffen: 9. Aug. 2025.

Grewal, D., Satornino, C. B., Davenport, T., & Guha, A. (2025). How generative AI is shaping the future of marketing. *Journal of the Academy of Marketing Science, 53*, 702–722. https://link.springer.com/article/10.1007/s11747-024-01064-3. Zugegriffen: 9. Aug. 2025.

Harvard Business Review. (2025). Companies are using AI to make faster decisions in sales and marketing. https://hbr.org/2025/06/companies-are-using-ai-to-make-faster-decisions-in-sales-and-marketing. Zugegriffen: 27. Juli. 2025.

Harwardt, M., & Koehler, M. (2023). Künstliche intelligenz entlang der customer Journey: Einsatzpotenziale von KI im E-Commerce (1. Aufl). Springer Gabler. Zugegriffen: 7. Juni. 25.

Hootsuite. (2025). How AI social listening boosts your brand: Top tools for 2025. https://blog.hootsuite.com/ai-social-listening/. Zugegriffen: 26. Aug. 2025.

HubSpot. (2025aa). 2025 AI Trends for marketers. https://offers.hubspot.com/ai-marketing. Zugegriffen: 30. Juli. 2025.

Hubspot. (2025bb). AI-Powered marketing software. https://www.hubspot.com/products/marketing?hubs_content=www.hubspot.com/products/artificial-intelligence/ai-customer-service-agent&hubs_content-cta=nav-software-marketing. Zugegriffen: 27. Juli. 2025.

HubSpot. (2025cc). CMS Hub: AI-powered content personalization. https://www.hubspot.com/products/cms. Zugegriffen: 1. Aug. 2025.

Hubspot. (2025dd). Building Your business With hubSpot smart CRM. https://academy.hubspot.com/courses/building-your-business-with-hubspot-smart-crm?search=smart+CRM&from_search_result=true. Zugegriffen: 27. Jul. 2025.

HubSpot. (2025ee). AI-Powered CRM software. https://www.hubspot.com/products/crm/ai-crm. Zugegriffen: 30. Juli. 2025.

Hutt, S. (2025). How AI Is shaping consumer behavior predictions In 2025: Key insights for ecommerce growth. ecommerce fastlane. https://ecommercefastlane.com/how-ai-is-shaping-consumer-behavior-predictions/. Zugegriffen: 26. Juli. 2025.

IAPP. (2024). Marketing sits in a gray zone under EU AI Acthttps://iapp.org/news/a/at-aigg-2024-marketing-sits-in-a-gray-zone-under-eu-ai-act. Zugegriffen: 31. Juli. 2025.

IBM. (2023). What is explainable AI (XAI)? IBM Think. https://www.ibm.com/think/topics/explainable-ai. Zugegriffen: 9. Aug. 2025.

IBM. (2024). Conversational AI: Examples, applications & use cases. IBM Think. https://www.ibm.com/think/topics/conversational-ai-use-cases. Zugegriffen: 9. Aug. 2025.

Idomoo. (2025). AI personalization examples that will surprise you. https://www.idomoo.com/blog/ai-personalization-examples/. Zugegriffen: 1. Aug. 2025.

IHK Frankfurt a. Main. (2025). EU AI Act. https://www.frankfurt-main.ihk.de/recht/uebersicht-alle-rechtsthemen/digitalisierung2/eu-ai-act-6691932. Zugegriffen: 20. Aug. 2025.

impact.com. (2024). RealtyNinja: 2× increase in conversion rate from referrals (Case study, PDF). https://impact.com/downloads/case-studies/RealtyNinja-case-study-0624.pdf. Zugegriffen: 9. Aug. 2025.

Insites. (2025). What digital marketing agencies need to know about the EU AI act. https://insites.com/what-digital-marketing-agencies-need-to-know-about-the-eu-ai-act. Zugegriffen: 20. Aug. 2025.

Itransition. (2024). Predictive analytics in finance: Use cases and guidelines. https://www.itransition.com/predictive-analytics/finance. Zugegriffen: 1. Aug. 2025.

KI im Marketing. (2025). Mit journey mapping und KI das kundenerlebnis verbessern. https://ki-marketing.com/mit-journey-mapping-und-ki-das-kundenerlebnis-verbessern. Zugegriffen: 17. Aug. 2025.

Liferay. (2024). 8 digital experience platform trends to watch in 2024. Technologie https://www.liferay.com/de/blog/current-experiences/8-digital-experience-platform-trends-to-watch-in-2024. Zugegriffen: 20. Aug. 2025.

Lupo Digital. (2025). Ethical AI in marketing: Balancing automation with human oversight. https://www.lupodigital.com/blog/ethical-ai-in-marketing-balancing-automation-with-human-oversight. Zugegriffen: 1. Aug. 2025.

Mailsoftly. (2025). AI customer segmentation strategies in 2025. https://mailsoftly.com/blog/ai-customer-segmentation/. Zugegriffen: 9. Aug. 2025.

Marketing Automation & AI Report. (2024). Lead generation, AI and automation. https://pedalix.com/en/blog/marketing-automation-report-2024. Zugegriffen: 9. Aug. 2025.

Mateos, P., & Bellogín, A. (2024). A systematic literature review of recent advances on context-aware recommender systems. Artificial Intelligence Review (published online 16 Nov 2024). https://link.springer.com/content/pdf/10.1007/s10462-024-10939-4.pdf. Zugegriffen: 9. Aug. 2025.

McKinsey & Company. (2022). Forging the human–machine alliance. https://www.mckinsey.com/capabilities/mckinsey-digital/our-insights/tech-forward/forging-the-human-machine-alliance. Zugegriffen: 27. Juli. 2025.

McKinsey & Company. (2024) . An unconstrained future: How generative AI could reshape B2B sales. https://www.mckinsey.com/capabilities/growth-marketing-and-sales/our-insights/an-unconstrained-future-how-generative-ai-could-reshape-b2b-sales. Zugegriffen: 1. Aug. 2025.

McKinsey & Company. (2025aa) . Unlocking profitable B2B growth through gen AI. https://www.mckinsey.com/capabilities/growth-marketing-and-sales/our-insights/unlocking-profitable-b2b-growth-through-gen-ai. Zugegriffen: 1. Aug. 2025.

McKinsey & Company. (2025bb). Turbo für die Kreativität – Booster für die Effizienz. https://www.mckinsey.com/de/branchen/konsumguter-handel/akzente/akzente-2-2024/2024-2-ki-marketing. Zugegriffen: 30. Jul. 2025.

McKinsey & Company. (2025cc) . Unlocking the next frontier of personalized marketing. https://www.mckinsey.com/capabilities/growth-marketing-and-sales/our-insights/unlocking-the-next-frontier-of-personalized-marketing. Zugegriffen: 1. Aug. 2025.

McKinsey & Company. (2025dd). The future of work is agentic: Building and managing an AI workforce. https://www.mckinsey.com/capabilities/people-and-organizational-performance/our-insights/the-future-of-work-is-agentic. Zugegriffen: 27. Juli. 2025.

McKinsey & Company. (2025ee). How gen AI can take customer personalization to the next level. https://www.mckinsey.com/featured-insights/themes/how-gen-ai-can-take-customer-personalization-to-the-next-level. Zugegriffen: 9. Aug. 2025.

Me&Company. (2025). Agile transformation guide 2025: Agilität richtig einführen. https://www.me-company.de/magazin/agile-transformation/. Zugegriffen: 26. Juli. 2025.

MediaLaws. (2024). The rise of automated decision-making and its legal framework. https://www.medialaws.eu/the-rise-of-automated-decision-making-and-its-legal-framework/. Zugegriffen: 1. Aug. 2025.

Mention Me. (2023). How PUMA achieves 6x ROI through customer advocacy. Mention Me. https://resources.mention-me.com/hubfs/a_Case-Studies/PUMA%20Case%20Study.pdf. Zugegriffen: 9. Aug. 2025.

Microsoft. (2023). Enhancing trust and protecting privacy in the AI era. https://blogs.microsoft.com/on-the-issues/2023/12/19/trust-privacy-bing-copilot-responsible-ai/. Zugegriffen: 09. Aug. 2025.

Microsoft. (2024). AI-powered success—with more than 1,000 stories of customer transformation and innovation. AI business impact: Microsoft AI use cases. https://www.microsoft.com/en-us/microsoft-cloud/blog/2025/07/24/ai-powered-success-with-1000-stories-of-customer-transformation-and-innovation/. Zugegriffen: 1. Aug. 2025.

Microsoft. (2025aa). Was ist dynamics 365? https://www.microsoft.com/de-de/dynamics-365/what-is-dynamics-365. Zugegriffen: 30. Juli. 2025.

Microsoft. (2025bb). What is a CDP?. https://www.microsoft.com/en-us/dynamics-365/topics/ai/customer-insights/what-is-a-cdp. Zugegriffen: 30. Juli. 2025.

Microsoft. (2025cc). The new era of AI-powered business. Shape the future of your business. https://www.microsoft.com/en-us/dynamics-365. Zugegriffen: 1. Aug. 2025.

Microsoft. (2025dd). Funktionen von copilot in dynamics 365 sales. https://learn.microsoft.com/de-de/dynamics365/sales/copilot-overview. Zugegriffen: 27. Jul. 2025.

Microsoft. (2025ee). Product overview for dynamics 365 customer Insights. https://learn.microsoft.com/en-us/dynamics365/customer-insights/overview. Zugegriffen: 1. Aug. 2025.

Microsoft. (2025ff). What is customer journey mapping? https://www.microsoft.com/en-us/dynamics-365/topics/marketing/what-is-customer-journey-mapping. Zugegriffen: 26. Juli. 2025.

Mussawir, S. (2025). How AI predicts customer behavior with Unmatched Accuracy. DigGrowth. https://diggrowth.com/blogs/data-management/ai-for-predictive-customer-behavior/. Zugegriffen: 23. Aug. 2025.

Nosto. (2025). Customer stories – Volcom sees a 3.5x increase in conversion. https://www.nosto.com/resources/case-studies/. Zugegriffen: 9. Aug. 2025.

Olivieri, M. (2025a). The adoption of digital tools in the marketing strategies of B2B Start-ups. In: Scaling B2B Markets (s. 23–58). Springer. https://link.springer.com/chapter/10.1007/978-3-031-93405-6_2. Zugegriffen: 27. Juli. 2025.

Olivieri, M. (2025b). Leveraging digital tools In B2B startups agile approach: *A multiple case study analysis*. In Scaling B2B Markets (S. 59–85). Zugegriffen: 27. Juli. 2025.

Panintelligence. (2024). Predictive analytics in finance: Benefits, use cases and examples. https://panintelligence.com/blog/predicitive-analytics-in-finance/. Zugegriffen: 1. Aug. 2025.

Pecan AI. (2024). Predictive analytics examples: Unveiling the Potential across industries. https://www.pecan.ai/blog/predictive-analytics-examples-across-industries/. Zugegriffen: 1. Aug. 2025.

Pohlmann, P., Vossen, G., Everding, J., & Scheiper, J.(2022). *Künstliche intelligenz, bias und versicherungen – eine technische und rechtliche analyse. zeitschrift für die gesamte versicherungswirtschaft*. Springer Gabler. Zugegriffen: 20. Aug. 2025.

ProPair.ai. (2025). AI-driven lead distribution: Enhancing efficiency and conversion rates. https://www.propair.ai/insights/ai-driven-lead-distribution-enhancing-efficiency-and-conversion-rates/. Zugegriffen: 9. Aug. 2025.

Pufahl, M. (2019). *Sales performance management: Exzellenz im Vertrieb mit ganzheitlicher steuerungskonzeption* (2. Aufl). Springer Gabler. https://link.springer.com/book/10.1007/978-3-658-23067-8.

Pufahl, M., & Alte, I. (2022). Customer journeys zwischen DSGVO und cyber security. *sales excellence, 31,* 32–33. https://doi.org/10.1007/s35141-022-0913-9. Zugegriffen: 25. Aug. 2025.

Pufahl, M., & Dimmig, F. (2025). *Intelligenter arbeitsplatz im vertrieb. mit künstlicher intelligenz mehr zeit für kundeninteraktionen schaffen.* Springer Gabler. https://link.springer.com/book/10.1007/978-3-658-47998-5. Zugegriffen: 25. Aug. 2025.

ResearchGate. (2024). AI-Enabled customer relationship management in the financial industry: A case study approach. https://www.researchgate.net/publication/378371886_AI-Enabled_Customer_Relationship_Management_in_the_Financial_Industry_A_Case_Study_Approach. Zugegriffen: 1. Aug. 2025.

ResearchGate. (2025). AI-powered consumer segmentation and targeting: A theoretical framework. https://www.researchgate.net/profile/Arunraju-Chinnaraju/publication/389485035_AI-powered_consumer_segmentation_and_targeting_A_theoretical_framework_for_precision_marketing_by_autonomous_Agentic_AI/links/67c386cd461fb56424edfe83/AI-powered-consumer-segmentation-and-targeting-A-theoretical-framework-for-precision-marketing-by-autonomous-Agentic-AI.pdf. Zugegriffen: 9. Aug. 2025.

Salesforce. (2024aa). AI in customer service: Everything you need to know. https://www.salesforce.com/service/ai/customer-service-ai/ . Zugegriffen: 9. Aug. 2025.

Salesforce. (2024bb). Conversational AI for customer service: How it works & why it matters. https://www.salesforce.com/service/ai/conversational-ai-customer-service/. Zugegriffen: 09. Aug. 2025.

Salesforce. (2025h). Marketing cloud next: Agentic marketing with integrated AI. https://www.salesforce.com/news/stories/marketing-cloud-next-announcement/. Zugegriffen: 9. Aug. 2025.

Salesforce. (2025ab). What is a customer data platform (CDP)?. https://www.salesforce.com/marketing/data/what-is-a-customer-data-platform/. Zugegriffen: 30. Juli. 2025.

Salesforce. (2025bc). What is content personalization: What it is and how to start. https://www.salesforce.com/marketing/personalization/content/. Zugegriffen: 26. Juli. 2025.

Salesforce. (2025cd). Use. intents to understand your customers. https://help.salesforce.com/s/articleView?id=service.bots_service_train_bot.htm&type=5. Zugegriffen: 1. Aug. 2025.

Salesforce. (2025de). Churn predictions for communications with einstein discovery. https://help.salesforce.com/s/articleView?id=ind.Comms_Churn_Predictions_for_Communications_with_Einstein_Discovery.htm. Zugegriffen: 27. Juli. 2025.

Salesforce. (2025ef). AI Agents for marketing: Definition & Use Cases. https://www.salesforce.com/marketing/ai/ai-agents-for-marketing/. Zugegriffen: 1. Aug. 2025.

Salesforce. (2025fg). Salesforce artificial intelligence. https://www.salesforce.com/artificial-intelligence/. Zugegriffen: 27. Juli. 2025.

Salesforce. (2025gh). Mit Agentforce kann die Formel 1 um 80 % schneller auf Serviceanfragen reagieren. Salesforce. https://www.salesforce.com/de/customer-stories/formula-one/. Zugegriffen: 9. Aug. 2025.

Salesken AI. (2025). How AI is revolutionizing sales and marketing alignment. https://www.salesken.ai/blog/how-ai-is-revolutionizing-sales-and-marketing-alignment. Zugegriffen: 09. Aug. 2025.

Scheunert, U. (2023). Customer relationship management im digitalen Zeitalter: Kundenbeziehungen entlang der customer journey aufbauen und stärken. In C. Lucas & G. Schuster (Hrsg.), *Innovatives und digitales Marketing in der Praxis*. Springer Gabler. https://doi.org/10.1007/978-3-658-38210-0_29.

Sprout Social. (2024). 10 ways AI social listening tools help your brand. https://sproutsocial.com/insights/ai-social-listening/. Zugegriffen: 23. Aug. 2025

Stapel, K. (2025). Mit KI den Vertrieb revolutionieren: Ein Leitfaden. Haufe Akademie. https://www.haufe-akademie.de/blog/themen/vertrieb/ki-im-vertrieb/. Zugegriffen: 26. Aug. 2025.

Steinmann, A., & Piazza, A. (2024). KI-basierte Textkreation im content Marketing: Design und evaluation eines effektiven Prompts. https://www.springerprofessional.de/ki-basierte-textkreation-im-content-marketing-design-und-evaluat/26917072. Zugegriffen: 1. Aug. 2025.

SuperAGI. (2025a). Mastering speed-to-lead automation in 2025: How AI and predictive analytics boost conversion rates. https://superagi.com/mastering-speed-to-lead-automation-in-2025-how-ai-and-predictive-analytics-boost-conversion-rates/. Zugegriffen: 9. Aug. 2025.

SuperAGI. (2025b). The future of speed-to-lead: How AI and ML are revolutionizing lead management and conversion rates in 2025. https://superagi.com/the-future-of-speed-to-lead-how-ai-and-ml-are-revolutionizing-lead-management-and-conversion-rates-in-2025/. Zugegriffen: 9. Aug. 2025.

SuperAGI. (2025c). Case Studies: How AI-Driven customer segmentation boosts lifetime value in retail, telecom, and finance. https://superagi.com/case-studies-how-ai-driven-customer-segmentation-boosts-lifetime-value-in-retail-telecom-and-finance/. Zugegriffen: 1. Aug. 2025.

SuperAGI. (2023). Context features (TensorFlow Recommenders). https://www.tensorflow.org/recommenders/examples/context_features. Zugegriffen: 09. Aug. 2025.

Tl;dv. (2024). Die Macht der Gesprächsintelligenz im Vertrieb. https://tldv.io/de/blog/conversational-intelligence-for-sales-teams/. Zugegriffen: 1. Aug. 2025.

Twilio Segment. (2024). The state of personalization report 2024. https://segment.com/state-of-personalization-report/. Zugegriffen: 9. Aug. 2025.

VON HELDEN UND GESTALTEN. (2024). DXP und KI: Schlüssel zur digitalen Reife und Wettbewerbsfähigkeit im Mittelstand. https://www.vonheldenundgestalten.de/blog/dxp-und-ki-schluessel-zur-digitalen-reife-und-wettbewerbsfaehigkeit-im-mittelstand.html. Zugegriffen: 20. Aug. 2025.

Vossebein, U., Hildmann, G., & Wengler, S. (2024). Künstliche Intelligenz (KI) im Lead-Management. In: Digitale Transformation im Vertrieb. Springer Essentials. https://doi.org/10.1007/978-3-658-44535-5_5. Zugegriffen: 28. Juli. 2025.

Wagener, A. (2025). *Künstliche intelligenz im marketing: Was sich hinter KI verbirgt und wie das Marketing von ihr profitieren kann* (2. Aufl.). Springer Gabler. https://link.springer.com/book/10.34157/978-3-648-16959-9. Zugegriffen: 30. Juli. 2025.

Wagner, A. (2023). Künstliche intelligenz im marketing. haufe, https://doi.org/10.34157/978-3-648-16959-9. Zugegriffen: 30. Juli. 2025.

Zhang, L., Yu, J., Zhang, S., Li, L., Yan, Y., & Liang, G., et al. (2024). Unveiling the impact of multi-modal interactions on user engagement: A comprehensive evaluation in AI-driven conversations. arXiv. https://arxiv.org/abs/2406.15000. Zugegriffen: 9. Aug. 2025.

Zoho Blog. (2025). AI in marketing: What marketers need to know about GDPR and the EU AI Act. AI in Marketing: What Marketers Need to Know About GDPR and the EU AI Act - Zoho Blog. Zugegriffen: 1. Aug. 2025.

ZS. (2023). AI in customer segmentation: Dynamic strategies in marketing. https://www.zs.com/insights/ai-driven-customer-segmentation. Zugegriffen: 9. Aug. 2025.

GPSR Compliance

*The European Union's (EU) General Product Safety Regulation (GPSR)
is a set of rules that requires consumer products to be safe and our
obligations to ensure this.*

*If you have any concerns about our products, you can contact us on
ProductSafety@springernature.com*

In case Publisher is established outside the EU, the EU authorized
representative is:

Springer Nature Customer Service Center GmbH
Europaplatz 3
69115 Heidelberg, Germany

Batch number: 10121659

Printed by Printforce, the Netherlands